世界インフレ
日本はこうなる

池上 彰

SB新書
637

はじめに
――日本が直面しているのは「良いインフレ」か「悪いインフレ」か？

2023年の夏、ニューヨーク在住の日本人の知人が日本に里帰りしたので、久しぶりに会いました。家族連れで帰国した彼は、「日本で東京ディズニーランドに行くのが楽しみです」と言うではありませんか。アメリカにだって、カリフォルニアとフロリダに本場のディズニーランドがあります。それなのに「どうして？」と尋ねると、「日本のディズニーランドの入場券は世界で一番安いからです」と言うではありませんか。日本の会社から給料をもらってアメリカで働いている身では、アメリカのディズニーランドはいずれも入場料が高くておいそれとは遊びに行けないというわけです。

日本のディズニーランドだって入場料が値上げされ、家族で行くにはかなりの費用がかかります。それでも世界で一番安いとは……。

日本は円安が進んだ結果、そんな状態になっているのですね。

そういえば、私も2022年10月、アメリカに取材に行った際、ニューヨークのラーメン店で豚骨ラーメンと餃子を頼み、チップを払ったら、日本円で5400円になってしまいました。これだけ円安が進んでは、海外旅行に行くのには勇気がいります。

円安は、輸入物価にも反映します。海外からのさまざまな輸入品が値上がりしています。とりわけ石油価格が上昇すると、ガソリン価格に跳ね返ると共に、火力発電所の燃料費も上昇しますから、電気代が上がります。

こうして、さまざまな物価が上昇する。これぞまさしく「インフレ」です。

私のような世代にとって、インフレは身近なものでした。物価は上がるもの。それに負けずに、どれだけ給料の引き上げが実現するか。私たちが若い頃は、これが世間の常識でした。

しかし、1990年代にバブルがはじけると、長期にわたって不況が続き、物価は上がらなくなりました。給料も上がりません。これが「デフレ」。いまの若い人たちにとっては、物心ついた頃からデフレが常識になっていました。それだけにインフレが始まると、生活の不安が高まってしまいます。

でも、その分だけ給料が上がったり、年金の支給額が増えたりすれば、私たちの生活は守れるのです。さて、政府はどんな対策を取ろうとしているのか。

インフレは、私たちの生活にとって脅威ですが、その一方で、毎年定期的に給料も上がれば、将来が明るいものに見えてきませんか？

つまりインフレには、「良いインフレ」と「悪いインフレ」があるのです。景気が良くなって給料が上がり、みんなが盛んに買い物をするようになると、需要が伸びて、物価が上がります。これは「良いインフレ」です。

一方、円安で燃料代や電気代が上がり、その結果物価が上がっては、買い物をする気になれません。これが「悪いインフレ」です。

さて、私たちはいま、「良いインフレ」を迎えているのでしょうか。それとも「悪いインフレ」に直面しているのでしょうか。それを判断するのは、あなたです。そのための判断材料を提示しているのが、この本です。

この本は、テレビ朝日系列で土曜の夜に放送している「池上彰のニュースそうだったのか!!」が何回かにわたって放送した経済ニュースの解説をまとめて整理したものです。いまの日本経済の基礎がわかるように組み立てています。少しでも参考になれば幸いです。

2023年10月

池上　彰

世界インフレ　日本はこうなる　目次

第２章　日本はいま「安い国」!?——世界のなかの日本経済の現在地……37

第３章 日本経済が30年以上不景気な理由
──日本人の性格が影響している!?

第4章　日本が好景気になると、どう変わる？

第5章　日本経済は復活するのか？——新しい日本経済の形

第1章

世界インフレ時代

——物価や賃金が世界で上がっているのはなぜ？

◉アメリカや欧州を襲った記録的なインフレ

日本では2022年の春以降、モノやサービスの値段が上がり始め、最近は長らく経験したことのない物価高に直面しています。22年12月と23年1月の消費者物価指数（消費者物価の上昇率）は、連続して前年同月比4パーセント台になりました。それまで消費者物価指数といえば、だいたい1パーセント前後で、マイナスになることも多かったので、これは異例の出来事だと言えます。

「急に物価が上がって困ったな」と感じている人も多いと思います。ただ、国際的に見ると日本はまだいい方です。アメリカやヨーロッパなどは2021年頃から記録的な物価の高騰に見舞われ、インフレが極めて大きな問題になっています。

ちなみに、インフレとは物価が全体として持続的に上昇していく現象のこと。特定のモノやサービスの値段が上がっただけではインフレとは言いません。いろいろなモノやサービスの値段が全体として上がり続けたとき、初めてこれを「インフレになった」と言います。

アメリカの消費者物価指数は、22年6月に前年同月比で9・1パーセントと非常に高い数値を示しました。ヨーロッパもユーロ圏（通貨ユーロを使う国々）で22年10月から2カ月連続で消費者物価指数が10パーセントを超えました。日本よりもはるかに高い数値です。

欧米諸国の場合、物価が上がると基本的に賃金も上がっています。これは今回の記録的なインフレが始まる前にも見られた傾向です。アメリカでは長年2パーセント前後の物価上昇率が続き、2022年春の時点で20年前と比べ物価は1・6倍になりましたが（出典：IMF「世界経済見通し」22年4月）、賃金もそれを追いかけるように上がってきました。

ここが日本と根本的に違うところです。日本は1990年代前半に「バブル」と呼ばれた好景気が終わりを告げると、それ以降の約30年間、物価も賃金もほとんど上がりませんでした。

戦後の日本は経済発展して豊かな国になったはずなのに、賃金が上がらないことで国民は豊かさを実感できなくなっています。

◉主要国の平均年収の推移。取り残される日本

ここで先進国の平均年収を見てみましょう。

グラフは1990年から2020年までの平均年収の推移を示したものです。これを見ていただくとわかるように、ほとんどの国が右肩上がりです。

アメリカの平均年収が約763万円。ドイツ、イギリス、フランスは500万円を超えています。ところが、日本は韓国にも抜かれてしまい、約424万円です。日本の平均年収はアメリカの6割程度にとどまっています。

約30年前（1990年）、日本は先進国の中で12位だったのですが、2020年には22位まで落ち込みました。だからといって日本の平均年収が下がったわけではないのです。他の国が順調に上昇を続けたため、結果的に順位を下げたということです。実際、（2020年までの）過去20年間で日本はたったの0・4パーセントしか増えていません。

ただ、全体の平均年収が約763万円のアメリカも、格差社会という根深い問題を

日本の平均年収の推移

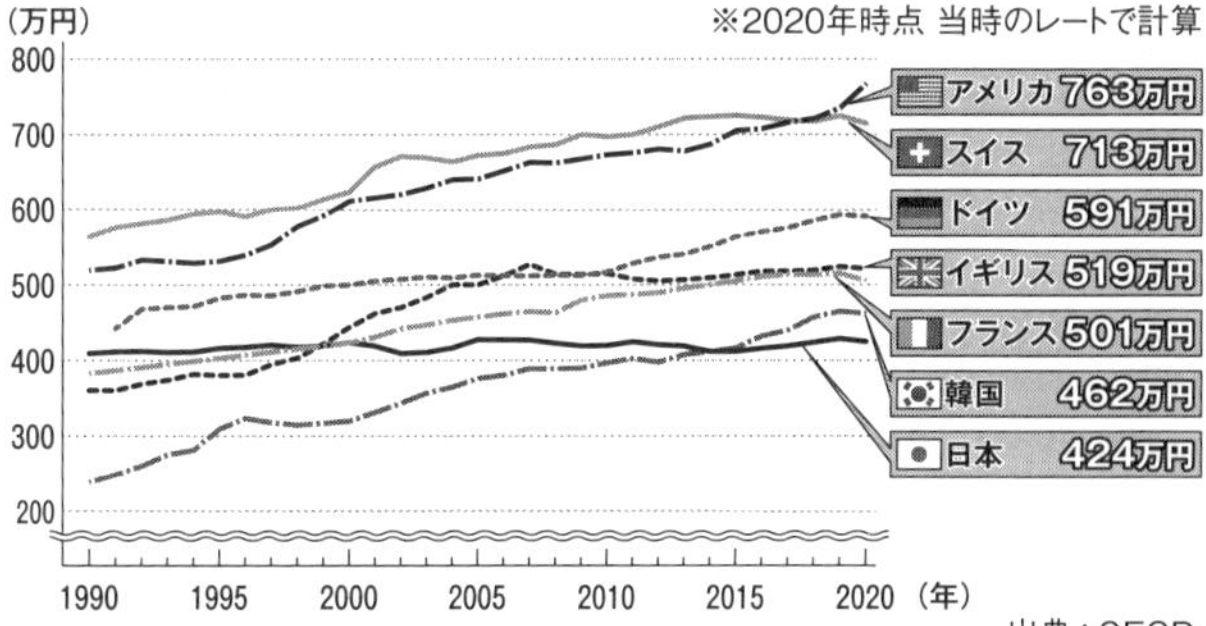

出典：OECD

日本の平均年収

1990年 12位 ➡2020年 22位

抱えています。アメリカはとにかく格差が激しく、住む場所や地域、職業などによって年収が全然違います。

ニューヨーク州のマンハッタンは平均年収が約１５００万円、世界のＩＴ企業が集まるシリコンバレーは、たとえばカリフォルニア州サンタクララだと平均年収が約２千万円です。

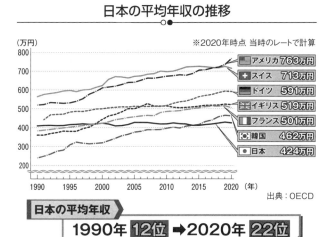

一方、所得階層の下位50パーセントは平均年収が約２００万円というデータもあります。（出典：カリフォルニア大学バークレー校、サエズ教授・ズックマン教授）

このように格差が非常に大きい。高給取りが多いので平均年収も高くなります

年収格差が非常に大きいアメリカ

が、平均よりずっと低い年収しか得ていない人たちも大勢いることがわかります。

●世界のトップ企業50、日本企業の栄枯盛衰

世界と比べると給料が上がらない日本。でも、企業は頑張っている気がしませんか。世界的に有名な日本企業もたくさんある中で、企業の値段を表す時価総額で見たとき、世界のトップ50に日本の企業はどのくらい入っていると思いますか。

残念ながら「日本企業は世界でトップ

時価総額TOP50（2023年4月28日時点）

1	Apple
2	Microsoft
3	Saudi Aramco
4	Alphabet
5	Amazon.com
6	Berkshire Hathaway
7	NVIDIA
8	Meta Platforms
9	Tesla
10	LVMH Moët Hennessy Louis Vuitton
11	Exxon Mobil
12	Visa
13	UnitedHealth Group
14	Johnson & Johnson
15	Tencent Holdings
16	TSMC
17	Walmart
18	JPMorgan Chase
19	Novo Nordisk
20	Eli Lilly and Company
21	Procter & Gamble
22	Mastercard
23	Nestle
24	Samsung Electronics
25	Chevron
26	Kweichow Moutai
27	Home Depot
28	Merck
29	Coca-Cola
30	Abbvie
31	Pepsico
32	Broadcom
33	Oracle
34	L'Oreal
35	Roche Holding
36	ASML Holding
37	Industrial and Commercial Bank of China
38	International Holding
39	Prosus
40	Bank of America
41	Hermes International SCA
42	China Construction Bank
43	AstraZeneca
44	Alibaba Group
45	Costco Wholesale
46	Pfizer
47	Mcdonald's
48	Novartis
49	Shell
50	Thermo Fisher Scientific

日本企業 トヨタは57位

※出典：Wright Investors' Service, Inc.

クラス」というのは、もう昔の話です。1位から10位はサウジアラビアとフランスを除いて全部アメリカが占め、圧倒的な強さを誇っています。

ちなみに4位のアルファベットはグーグルの親会社です（2015年設立）。また9位のテスラは自動車会社として世界の頂点に立ちました。販売台数ではトヨタの方が圧倒的に多いのに、時価総額でトヨタを大きく引き離しています。2022年の販売台数は、トヨタが約1048・3万台、テスラは約131・3万台です。（出典：トヨタ、テスラ。トヨタはグループ全体）

次に11位以下を見ると、中国や台湾、デンマーク、スイス、韓国などの企業も入っていますが、日本は1社も出てきません。

世界のトップ50に日本は1社も入っていないのです。トップ100まで範囲を広げて、ようやく57位にトヨタが顔を出します。（以上は2023年4月28日時点のデータ。その後トヨタは再び50位以内にランクインした）

トヨタが50位以内から外れたのは円安が進んだ影響もあり、2022年の年末時点では31位でした。企業の時価総額はドルに換算して表すため、円安になるとどうして

時価総額（1989年）

順位	企業名	時価総額
1	日本電信電話	22兆6127億円
2	日本興業銀行	9兆8794億円
3	住友銀行	9兆6034億円
4	富士銀行	9兆2570億円
5	第一勧業銀行	9兆1204億円
6	IBM	8兆9217億円
7	三菱銀行	8兆1793億円
8	Exxon	7兆5790億円
9	東京電力	7兆5155億円
10	Royal Dutch Shell	7兆5017億円
11	トヨタ自動車	7兆4755億円

順位	企業名	順位	企業名	順位	企業名
12	General Electric	25	Merck	38	住友信託銀行
13	三和銀行	26	日産自動車	39	Coca-cola
14	野村証券	27	三菱重工業	40	Walmart
15	新日本製鐵	28	DuPont	41	三菱地所
16	AT&T	29	General Motors	42	川崎製鉄
17	日立製作所	30	三菱信託銀行	43	Mobil
18	松下電器	31	BT Group	44	東京ガス
19	Philip Morris	32	BellSouth	45	東京海上火災保険
20	東芝	33	BP	46	NKK
21	関西電力	34	Ford Motor	47	American Locomotive
22	日本長期信用銀行	35	Amoco	48	日本電気
23	東海銀行	36	東京銀行	49	大和証券
24	三井銀行	37	中部電力	50	旭硝子

※当時のレートで計算

出典：米ビジネス・ウィーク誌1989年7月17日号
「THE BUSINESS WEEK GLOBAL 1000」

も順位が下がってしまいます。それにしてもトップ50にゼロか1社しかないというのは、やはり日本企業がそれだけ儲かっていない証拠です。

でも、30年ほど前は違っていました。「飛ぶ鳥を落とす勢い」という言葉があるように、当時の日本企業はすごかったのです。１９８９年の時価総額ランキングを見てください。日の丸だらけです。トップ50の中に日本が32社入っていました。

この頃の日本経済は絶好調で、世界一のお金持ちも西武鉄道オーナー（当時）の堤《つつみ》義明氏でした。「１９８９年版フォーブス世界長者番付」の1位に輝いたのが堤さんで、その資産は当時の為替レートで計算して約2・1兆円にもなります。

日本企業はこんなにすごかったのに、２０２３年に入ると、トップ50に入る会社はゼロか1社。どうしてこうなったのでしょうか。

◉日本企業が稼げなくなった理由

日本企業が以前ほど稼げなくなった理由は諸説ありますが、一つには人口規模が大きいことがあります。日本には1億2千万人以上の人が住んでいるので、とりあえずその人たちを対象にすればビジネスが成り立ちます。国内だけでも十分やっていけるわけです。

人口規模が小さい国では、世界を相手にビジネスを展開しなければ利益が得られないため、多くの企業が強い危機感を持って世界市場で勝ち抜こうと懸命に努力してきました。この「世界で勝負して勝つ」という意識が日本企業は弱かったのではないかといわれています。言い換えれば、ぬるま湯にどっぷり浸《つ》かっているような状況があった、ということです。

もはや国内だけを見ているビジネスでは限界です。過去30年の私たちの経験は、世界が何を求めているのかを常に考えていかないと立ち後れてしまうことを示しています。

もう一つは、日本にはＧＡＦＡが生まれなかったことです。ＧＡＦＡとは、Ｇｏｏｇｌｅ、Ａｍａｚｏｎ、Ｆａｃｅｂｏｏｋ（現Ｍｅｔａ）、Ａｐｐｌｅの頭文字を取った言葉です。アメリカはこのような巨大企業を次々に生み出してきました。

ところが、日本でこの20〜30年、ＧＡＦＡに匹敵する新興企業が生まれたかという

2021年 世界の販売台数1位

洗濯機	ハイアール	
冷蔵庫	ハイアール	
電子レンジ	Midea	4位
エアコン	グリー・エレクトリック	5位
掃除機	TTI	
テレビ	サムスン	

出典：ユーロモニターインターナショナル

と、これといった名前が思い浮かびません。つまり、日本経済を引っ張っていくような企業や産業が生まれなかった。そのため、海外の企業との競争に負けて、あまり稼げなくなってしまったと考えられるのです。

●家電の世界シェアトップ2は中国と韓国

かつての日本の電化製品は、海外で猛烈に売れていました。ニューヨークのタイムズスクエアで目立っていたのはＳＯＮＹの大きな広告ですが、最近は見かけません。

いつの間にか日本製はシェアを失い、現在、家電の世界シェア1位は中国か韓国です。日本は電子レンジで4位、エアコンで5位に入る程度まで後退しました（２０２１年。出典：ユーロモニターインターナショナル）。なぜ日本の電機メーカーは経済を引っ張れなかったのでしょうか。

実は、日本の製品が売れなくなった理由の一つは過剰品質です。一例として、6〜7年前に販売されていた電子レンジをイラストにしました（26ページ上段）。

左の日本製はボタンがたくさん付いていて、焼き魚、シチュー、弁当、牛乳などメニューに応じたボタンを押せば、ちょうどいい具合に温めてくれます。でも、ボタンの数が多すぎて、ほとんど使わないものが結構あるのです。

右の韓国製はボタンが二つだけ。何ワットで何分にするか自分で調整する仕組みです。

結果として、多機能で値段の高い家電よりもシンプルで安価な家電の方が売れるようになりました。

日本では、高い技術力があるためいろいろな機能を付けて完璧なものを売り出しが

技術力があるから多機能にして販売

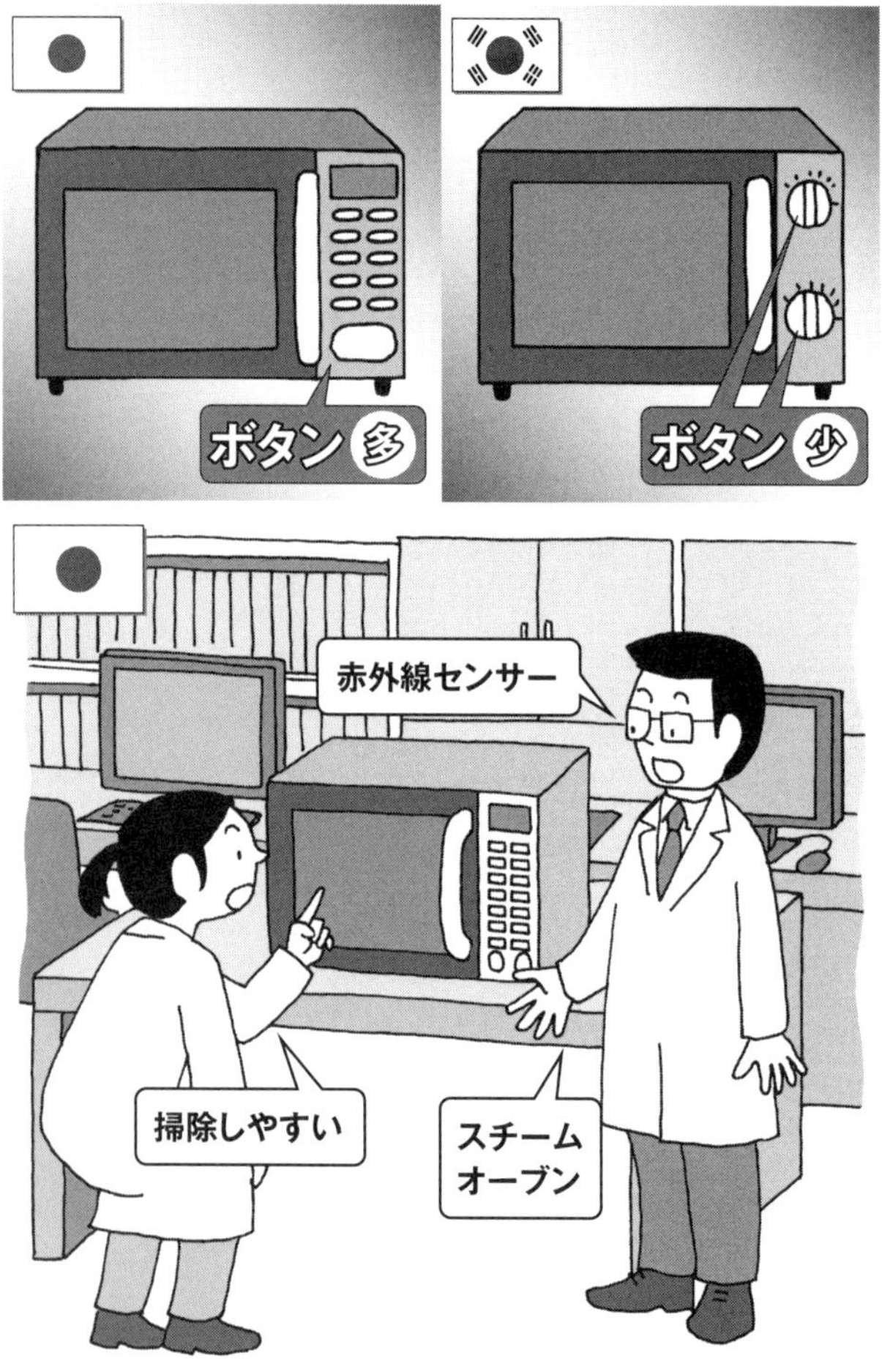

ちです。これに対し海外では、とりあえず最低限の機能ですぐ売り出して、お客の要望に合わせてバージョンアップすることが多いようです。

そんな日本と海外の違いを表す面白いエピソードがあります。

日本の電気洗濯機を中国に輸出したところ、すぐ壊れるというクレームがいっぱいきました。何があったのか調べてみると、驚くべきことに電気洗濯機でジャガイモを洗っていたことが判明。中国の農家の人たちは、収穫した泥だらけのジャガイモを洗濯機で洗っていたのです。これで泥が詰まって故障することがわかったのですが、この話を聞いた中国のハイアールは、「ここにニーズがある」と考えてジャガイモが洗える洗濯機を売り出したそうです。この企画が当たって販売台数を増やし、ハイアールは今では洗濯機部門で1位です。

技術力を磨くことと同時に、お客さんのニーズをつかむことの大切さを、このエピソードは教えてくれています。

低価格のレストランでの食事（106の国・地域）

1位	スイス	3309円
2位	ノルウェー	2613円
3位	アイスランド	2491円
4位	デンマーク	2403円
5位	ルクセンブルク	2337円
7位	イギリス	2099円
15位	アメリカ	1958円
27位	ドイツ	1388円
48位	日本	900円

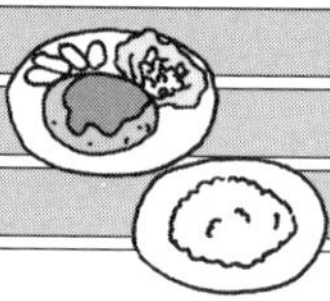

※1ドル＝130.5円で計算　　出典：価格等調査サイト「NUMBEO」22年5月7日時点

●世界のランチ代は2千〜3千円

国内にいると気付かないのですが、海外旅行に行った時、「あれっ」と思うことはありませんか？

そうです。「値段が高くなったな」と感じるのです。

日本と違って海外の主要国は、これまで一貫して物価や賃金が上昇してきました。その結果、バブル景気の頃は海外に行くと安いと感じたのに、今ではすっかり逆になってしまいました。

日本と海外の食費を比較してみましょう。

コーヒー１杯の値段

デンマーク・コペンハーゲン	764円
アメリカ・ニューヨーク	651円
スイス・ベルン	639円
香港	625円
ノルウェー・オスロ	611円
中国・北京	605円
フランス・パリ	523円
シンガポール	523円
イギリス・ロンドン	523円
韓国・ソウル	512円
日本・東京	484円

※1ドル=130.6円で計算　出典：価格等調査サイト「NUMBEO」22年5月8日時点

まずは平日のランチ代から。仕事の合間に食べる平日のランチ代は、だいたい５００円から１０００円という人が多いのではないでしょうか。ワンコインで済ませるという人もいるかもしれませんね。

「低価格のレストランでの食事代」を国際比較したデータがあります。これによると、日本は１０６の国・地域のうち48位で９００円です。

アメリカは１９５８円、イギリスは２０９９円で随分高いなという印象を受けます。１位のスイスは３３０９円。これだと、うっかり「おごってあげるよ」と言おうものなら2人でおよそ6600円です。

スイスがここまで高いのには理由があります。スイスは内陸の国で山岳地も多く、海外からいろいろなモノを輸入する際、陸路で運ぶためどうしても運送費が割高になってしまいます。人件費が高いのも理由の一つだといわれています。

では、食後のコーヒー代はどうでしょうか。「コーヒー一杯の値段」を調べたデータによると、先進国ではだいたい500円から600円ぐらい。東京はソウルや北京よりも安い484円です。日本より韓国や中国の方が高いというのは意外ですよね。

また、コーヒーは、世界にお店があるチェーン店でも国によって値段が全然違います。

●ビッグマック指数でわかる世界の経済力

マクドナルドの代表的なメニューといえば「ビッグマック」。世界中のビッグマックの値段を比較することによって、その国の経済力を測ろうというのが「ビッグマック指数」です。

ビッグマック指数

ビッグマックの価格（54の国・地域）

1位	スイス国旗	スイス	925円
2位	ノルウェー国旗	ノルウェー	864円
3位	ウルグアイ国旗	ウルグアイ	839円
4位	スウェーデン国旗	スウェーデン	771円
5位	カナダ国旗	カナダ	724円
6位	アメリカ国旗	アメリカ	710円
14位	イギリス国旗	イギリス	612円
31位	中国国旗	中国	490円
32位	韓国国旗	韓国	483円
33位	タイ国旗	タイ	482円
41位	日本国旗	日本	390円

ビッグマック指数

2000年 5位 ➡ 2022年7月 41位

※1ドル＝137.87円で計算　　出典：『エコノミスト』ビッグマック指数 2022年7月時点

　ビッグマックはどの国でも材料や調理法など作り方はほぼ同じで、世界のどこの店に行っても基本的に同じものが食べられます。ただし値段まで同じにするわけにはいきません。仕入れる原材料費や人件費、店の賃料などによって、国ごとに差が出るからです。

　そこで、世界各国のビッグマックの値段を比較してみようという調査が１９８０年代から継続して行われてきました。上の表を見てください。これは２０２２年７月の調査結果をまとめたものの一部です。価格は日本円に換算して表示し、１ドルは１３７・８７円でした。

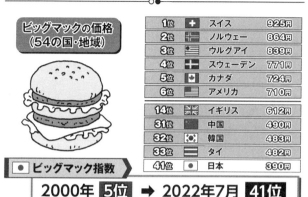

この時の日本のビッグマック単品が３９０円で、台湾（３４６円）や香港（３６９円）は日本よりも安く、タイ（４８２円）、韓国（４８３円）、中国（４９０円）はいずれも日本より高くなっています。

14位のイギリスが６１２円、マクドナルドの本場アメリカが７１０円、そして１位はスイスで９２５円します。

ちなみに、日本は２０００年の調査で５位でした。それが22年１月に33位になり、同７月には41位まで落ちてしまいました。

●日本のランチ代は高い？ それとも安い？

実際のところ、日本のランチ代（平均９００円）は高いのか、それとも低いのか？ヨーロッパとアメリカで聞いてみました。

ドイツ人男性Ａ ランチ？ だいたい２５００円は払ってるね。

ドイツ人男性Ｂ ドイツにもランチメニューはあるけど、３千円弱はかかりますよ。

ドイツ人男性C　ドイツでは外食はすごくぜいたくなものなんですよ。

次は、もっと食費が高そうなアメリカです。

アメリカ人女性　アメリカはフライドポテトだけで900円以上するわね。味？　普通よ。

アメリカ人男性A　今日は節約のためにランチをヨーグルトにしたんだ。これ？　800円だよ。ランチにレストランなんか入ったら前菜と飲み物で5千～6千円は確実だね。

――今食べてるのは何ですか？

アメリカ人男性B　ああ、これ？　コーンビーフのハンバーガーだよ。

――ポテトと飲み物合わせていくら？

アメリカ人男性B　全部合わせて4千円ぐらい。いや、もう少しするかな。

このように、両国とも日本よりランチ代は高そうです。

●アメリカの景気が良くなったのはなぜ?

バブルが弾けて不況になってから、日本はもう30年以上も景気がパッとしない状態が続いています。一方、海外で物価や賃金が上がったのは、それだけ景気が良かったからです。たとえばアメリカは、記録的なインフレになるほど景気が良くなりました。では、なぜアメリカは景気が良くなったのでしょうか。

最近の好景気についていえば、理由は大きく二つあります。

一つは、トランプ大統領(在任2017~21)になってから大幅な減税をしたことです。減税で税金が安くなれば自由に使えるお金は増えます。「じゃあ、買い物をしよう」という人が増えて、これが好景気につながりました。減税したことで消費がアップしたわけです。

もう一つの理由は、新型コロナウイルスの感染拡大で経済活動が停滞し、多くの人が仕事を失ったときに、国が国民にたくさんのお金を渡したのです。そのお金が消費

消費アップにつながる給付金の配り方とは？

に回って経済活動を活発にしました。それどころか、「わざわざ働かなくてもいいよね」という人たちまで出てきました。

ここがアメリカ経済の面白いところで、日本も当時、特別定額給付金として国民一人につき10万円配りました。でも、どういうわけか景気は良くなりませんでした。

アメリカの場合、みんなにお金を配るときは小切手で払います。小切手が一人ひとりに郵便で送られてくる仕組みです。受け取った人はそのままでは使えないため、現金に換えなければなりません。

銀行で小切手を現金に換えた人は、そのお金をすぐ使いたくなり、これが消費アップ、そして好景気をもたらすのです。

日本では、一人10万円配っても7割が貯蓄に回ったという分析があります（出典：マネーフォワード・早稲田大学・豪クイーンズランド大学の研究）。この分析が正しければ、3割しか消費に使われなかったことになります。

コロナ禍の当時は、みんな困っているのだから早くお金を渡さなければいけないといわれていて、それには銀行振込が一番早いという判断がありました。しかし、景気対策のためであれば、クーポン券を印刷して、それぞれの住所を調べて送付するというやり方もあります。これだと国民のところにお金が届くまで更に何カ月もかかったはずで、当時の国民のニーズとは相容れなかったかもしれません。

第2章

日本はいま「安い国」!?

――世界のなかの日本経済の現在地

◉GDPは世界第3位なのに「安い国」?

「景気が悪い」「給料が上がらない」とよく言いますが、それでも日本は経済大国。海外と比べれば、まだまだ日本は高い国。そう思っていませんか。最近はモノやサービスの値段が上がって何を見ても「高いなあ」と思うことが増えたので、なおさらそう思うかもしれませんね。

長年、景気が悪かったといっても、日本はGDP(国内総生産)世界第3位のお金持ちです。そのせいか、物価が高いというイメージが根強く残っているようです。でも、本当はどうなのでしょうか。

衣料品の値段を国際比較したデータを見てみましょう。たとえばスポーツブランドのスニーカー(ランニングシューズ)の値段は、2022年5月時点で8060円。106の国・地域の中で日本は91位です。ほとんど最下位に近く、世界的に見ると驚くほど安くなっています。

1万円を超えるアメリカが59位、1万1千円台のフランスが33位、1万2千円弱の

スポーツブランド ランニングシューズの値段（106の国・地域）

1位	イラン	2万7008円
2位	アイスランド	2万0684円
3位	レバノン	1万7431円
4位	イスラエル	1万5766円
5位	スイス	1万4882円
22位	香港	1万1996円
33位	フランス	1万1355円
57位	イギリス	1万0160円
59位	アメリカ	1万0073円
91位	日本	8060円

※1ドル＝130.5円で計算　　出典：価格等調査サイト「NUMBEO」22年5月7日時点

香港が22位です。

１位のイランが高いのは、核開発疑惑で世界各国から経済制裁を受けて輸入品が手に入りにくくなっていることと、通貨暴落の影響もあります。イランではブランドもののスニーカーは高級品になってしまいました。庶民にはちょっと手が出せない値段です。

では、なぜ日本でスニーカーはこんなに安く買えるのでしょうか。

日本の場合、正規代理店が値崩れしないように管理していますが、それ以外にいろいろなルートで安く輸入する業者がたくさん存在します。少しでも安いモノがあれば、そちらを買いたいという人が大勢いるので、業者も競争に勝つために苦労して値段を下げています。その結果、正規のルートとは別に安い商品が大量に出回り、平均するとかなり安い値段になるといわれています。

●「安い日本」に押し寄せる外国人観光客

安いのはスニーカーだけではありません。デニムのパンツやファストファッションのワンピースも、世界で65位。国際比較では驚くほど安いことがデータで示されています。

日本は今や「安い国」になってしまいました。それを象徴するのが、訪日外国人旅行者の急増です。その数は2012年に約840万人でしたが、その後右肩上がりで増え続け、2018年、19年と連続して3千万人を突破するまでになりました。

コロナ禍になる前、海外からやって来た大勢の旅行客が、大都市や観光地などでたくさん買い物をしてくれて、「爆買い」という言葉が流行語になったのは記憶に新しいところです。

衣料品が驚くほど安い日本

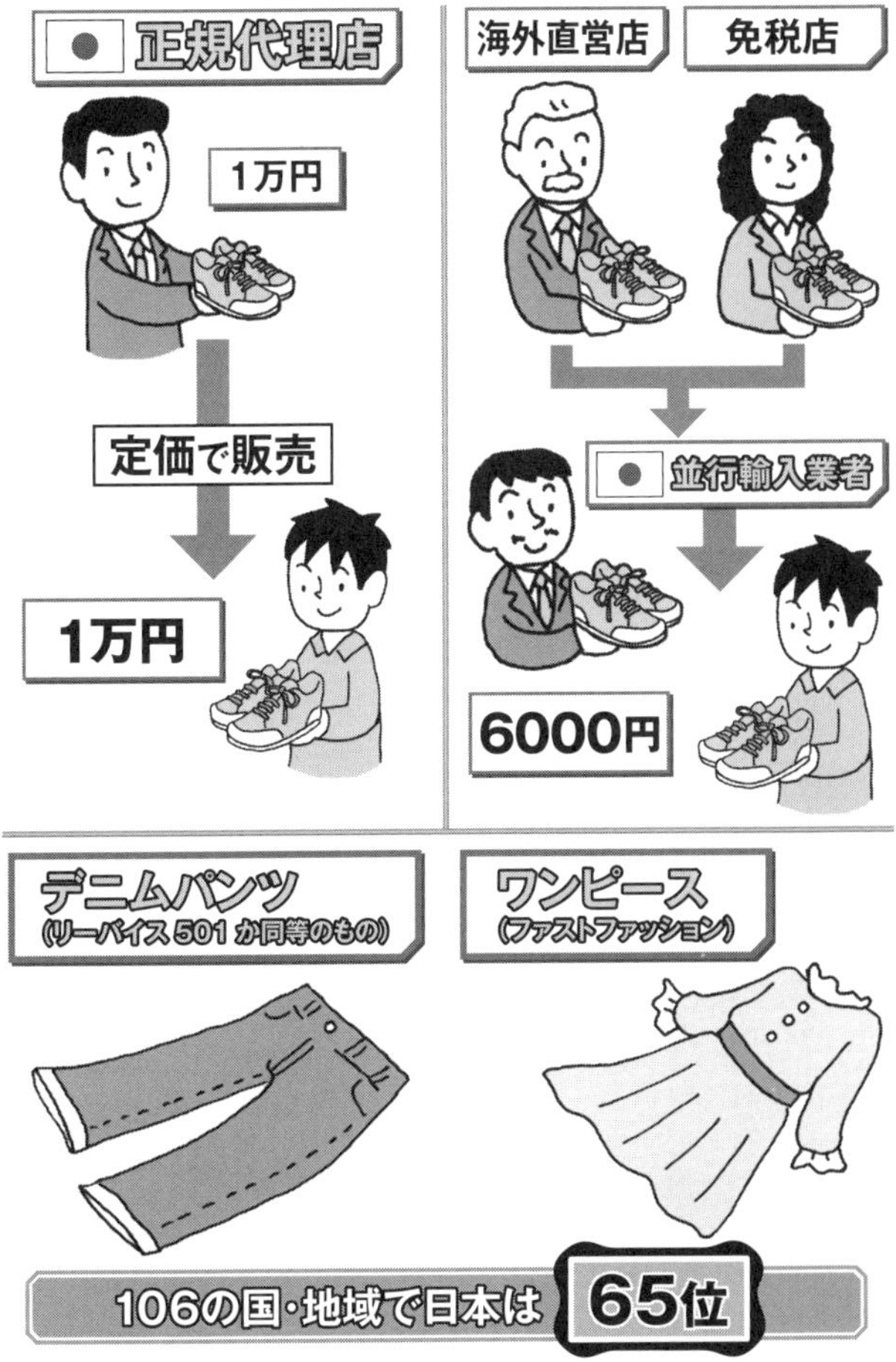

出典：価格等調査サイト「NUMBEO」2022年5月7日時点

年別訪日外客数の推移

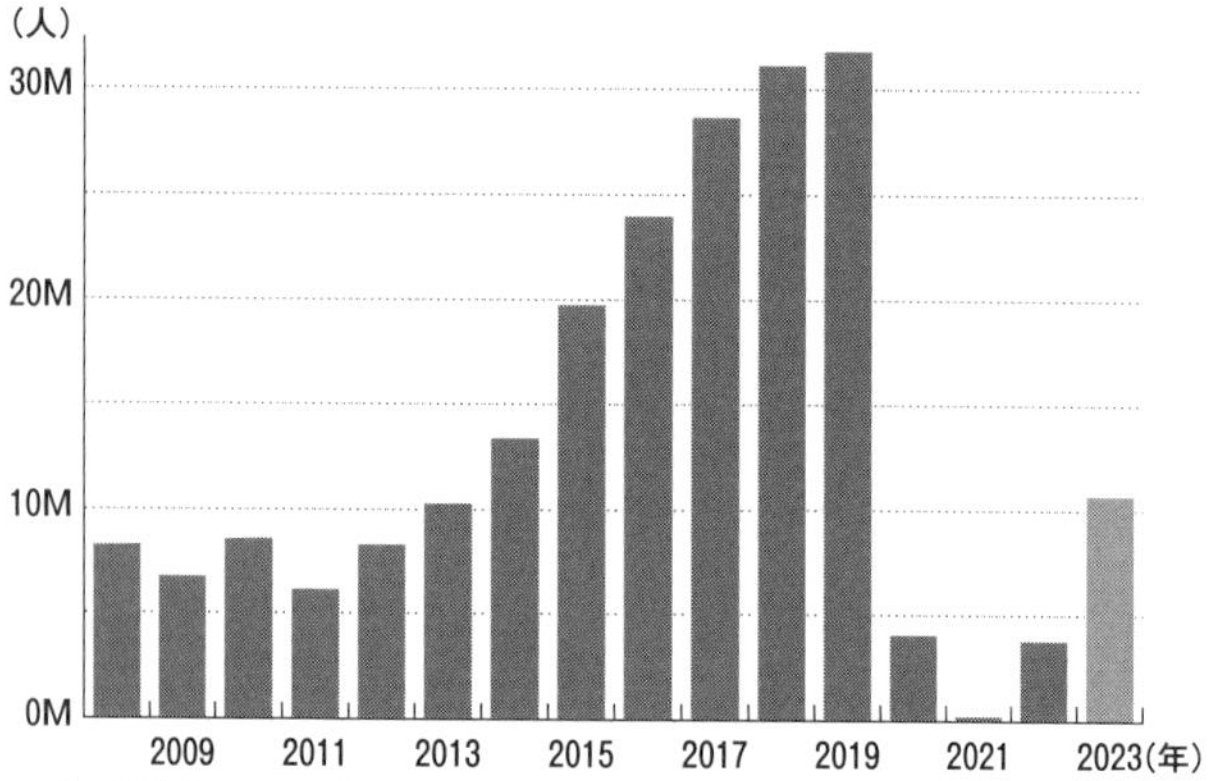

※データ更新日：2023年9月21日　　出典：日本政府観光局（JNTO）

彼らはもちろん日本という国に魅力があるから来るわけですが、「こんなに安くて良質なモノが買えるのか」「安い値段でこれだけ素晴らしいサービスが受けられるんだ」という驚きもあってドッと入ってきました。海外旅行客が日本を選ぶ一番の理由は安いからという説もあるほどです。

２０２１年の東京オリンピックの時も、海外の記者が日本のコンビニエンスストアに入って、安くて品揃えが豊富なのにビックリして、これをわざわざ海外に向けて報道したくらいです。

値段が安くて高品質。となれば、海外

の人に人気が出るのは当然です。

訪日客はコロナ禍に突入した2020年にガクンと減りました。しかし、これはあくまで一時的な現象で、感染拡大が収まった2023年は回復傾向にあります。「安い日本」が続いている限り、訪日客数は更に増えるでしょう。

●不動産などは高いイメージがあるけど……

世界と比べて日本はモノの値段が安いことがわかりました。でも、土地や家などの不動産はまだまだ高いというイメージがありませんか？　最近はいわゆる「億ション」も当たり前になって、以前にも増して手が出せなくなったと感じている人も多いかもしれません。

街の人に聞いてみました。

――日本の不動産は高いと思いますか？

女性　私としては高いイメージしかないです。

男性A　やっぱり港区とか中央区や渋谷区とか、東京の都心部が高いんじゃないかなというイメージがありますね。

男性B　ニューヨークの方が高いんだろうけども、東京は二番目か三番目には入るんじゃないかな。

では、実際はどうなのか。45ページに世界の主要都市のマンション価格を比較したデータを掲げました。主要都市の中心部にある70平方メートルのマンションの価格を載せたもので、これを見ると日本の東京は9047万円で38位です。

東京は平均では億に届かず、世界はもっともっと高いことがわかります。イギリス・ロンドンは1億5千万円を超え、アメリカもクイーンズやフリーモントが1億5千万円前後。台湾・台北も1億4千万円以上と高いですね。

注目すべきは、リストの6位までをアジア勢が占めていることです。1位は2億9560万円の香港、2位は2億399万円の韓国・ソウルです。4位以下の中国は北京、上海、深圳《しんせん》の3都市ともおよそ1億7千万～1億8千万円。これは東京の約2倍

主要都市（中心部）の70㎡マンション価格（世界341の都市）

1位	香港	2億9560万円
2位	韓国・ソウル	2億0399万円
3位	シンガポール	1億8502万円
4位	中国・北京	1億8337万円
5位	中国・上海	1億7026万円
6位	中国・深圳	1億6909万円
7位	スイス・チューリヒ	1億5718万円
8位	アメリカ・フリーモント	1億5609万円
9位	イギリス・ロンドン	1億5568万円
10位	アメリカ・クイーンズ	1億4719万円
11位	台湾・台北	1億4453万円
35位	カナダ・トロント	9223万円
36位	カナダ・バンクーバー	9202万円
37位	ノルウェー・オスロ	9069万円
38位	日本・東京	9047万円
39位	アメリカ・ロングビーチ	8901万円
40位	オランダ・アムステルダム	8808万円
41位	フィンランド・ヘルシンキ	8606万円
42位	ドイツ・シュトゥットガルト	8377万円
43位	アメリカ・ロサンゼルス	8305万円
44位	アメリカ・サンタクララ	8236万円
45位	ドイツ・ハンブルク	8102万円

※1ドル＝130.5円で計算　出典：価格等調査サイト「NUMBEO」2022年5月7日時点

です。

中国のマンションがこんなに高いとは驚きです。というのは、中国は社会主義の国なので土地は国のものです。都市部のマンションを買っても土地の所有権はなく、建物しか所有できません(例外あり)。それでもこれだけの高値が付くのです。

このように先進国では1億円を超える「億ション」はごく一般的で、2億円や3億円を超えるマンションも普通に販売されています。

億ションというと、お金持ちの象徴というイメージですが、今ではそんなふうに見ているのは先進国の中で日本だけだと言えそうです。

●日本の年収1200万円は、世界では低所得!?

海外の特に先進国ではマンション価格が上昇し、億ションが一般的になっています。しかし、日本で億ションを買うのは決して簡単ではありません。

日本で最も給料が高いのは東京都港区です。港区の一人当たり平均年収は約1200万円(出典:総務省「令和2年度市町村税課税状況等の調査」)。すごい金額だなと思いますが、意外なことに、アメリカのサンフランシスコでは４人家族でこの所得だと低所得者に分類されてしまいます。年収が８２０万円以下になると、非常に低い所得と分類されるんだそうです。（出典：米住宅都市開発省）

これでは億ションを購入するのは現実的に難しい。では、東京よりもマンション価格が高い海外の都市では、どんな職業の人たちが億ションを買っているのでしょうか。

●海外の「億ション」、どんな職業の人が買っているの？

まずランチ代の平均が約１４００円、マンション（70平方メートル）の平均価格が約１億２千万円のドイツで聞いてみました。

男性Ａ　ＩＴ企業や貿易関係は給料がいいね。
女性Ａ　企業のコンサルタントや弁護士も高収入ですよ。
女性Ｂ　弁護士は、大手の事務所なら入ったばかりでも２千万円はもらえる（ドイツの平均年収は591万円）。そういう人たちが高級マンションを買ってるのよ。

男性B　はっきり言って、普通の職業じゃ大都市のマンションを買うのは難しいね。投資に成功するくらいしか考えられないよ。

――日本では家にかける毎月のお金は収入の3割くらいなんて言われますが、ドイツではどうですか？

女性C　最近ドイツで一番値上がりしているのが家なの。今ではほとんどの人が収入の半分以上を家賃に使ってるわ。

教育費などが無料と言っても、結構無理して買う人も多いんだそうです。平均年収は日本とさほど変わらないのに、マンション価格が2億円もするソウルでも話を聞きました。

男性A　韓国では100平方メートルだと3億円くらいするんですが、住んでいるのは財閥系かIT企業の仕事をしている人が多いですね。

男性B　サムスンやLGなどに勤める人たちは、年に1500万円くらいは稼いでいるから生活には困ってないね。

サムスン、LG、ロッテなど大企業、財閥系の社員が2億円物件を買えるのはわかりますが、韓国にはお金持ちでなくても家が買える仕組みがあるんだとか。

女性　実は韓国って収入が低いほどローンが借りやすいし、金利も低いんですよ。

男性C　30代半ばまでは国や市が支援してくれるので、それでマンションを買う人もいますよ。

韓国の若者は給料が安くても、低い金利でローンを組めるとのこと。それを利用して投資目的でマンションを買う意識の高い人もいるそうです。

次は、ランチ代が約2千円、マンション価格が約1億3千万円のニューヨークで街

ランチ・マンション価格・平均年収の比較

	ランチ	70㎡のマンション	平均年収
日本	900円	約 9000万円	424万円
韓国	約 820円	約 2億円	462万円
ドイツ	約1400円	約1億2000万円	591万円
アメリカ	約2000円	約1億3000万円	763万円

出典：価格等調査サイト「NUMBEO」
22年5月7日時点

出典：OECD

の人に聞きました。

女性　マンハッタンだと、2LDKで月70万～80万円（家賃）は必要だし、買ったら1億円は確実に超えるわね。

男性A　でも金融機関やIT企業で働いてたら、まあ余裕だよ。だって年収4千万円クラスがうじゃうじゃいるからね。僕の友達も「お金が余ってる」って言ってたよ。

男性B　マンハッタンには弁護士もたくさん住んでるよ。みんな少なくとも数千万円は稼いでるね。

――ちなみにあなたは？

男性B　星の数ほどいる弁護士の一人だよ。（笑い）

そんなお金持ちがたくさんいるアメリカのニューヨークでは、こんな超高級マンションが話題になっていました。

マンハッタンで売りに出されたある物件は、広さが740平方メートルもあり、六つのベッドルームに七つのバスルーム、そして家具付きです。東京・六本木の高級マンションだと高くても10億円ほどですが、これはなんと220億円。信じられない値段ですね。それでも売れてしまうのがアメリカです。

◉日本のモノの値段が安くなった理由は？

世界の中ではすっかり「安い国」になってしまった日本。高いというイメージのあった不動産も、実態はかなり違うことが明らかになりました。

日本が「安くしないとモノが売れない国」になった理由は、一つには不景気が長く続いたことがあります。給料が増えないから値上げもできない。その結果、賃金も物価も上がらなくなりました。こういう状態のことを何と言いますか？

そう、デフレですね。

売れないから値上げできないとなると、企業が儲《もう》からない。儲からないと働いている社員の給料も上がらない。すると、社員やその家族はお金を使わない。みんながお

デフレスパイラルとは？

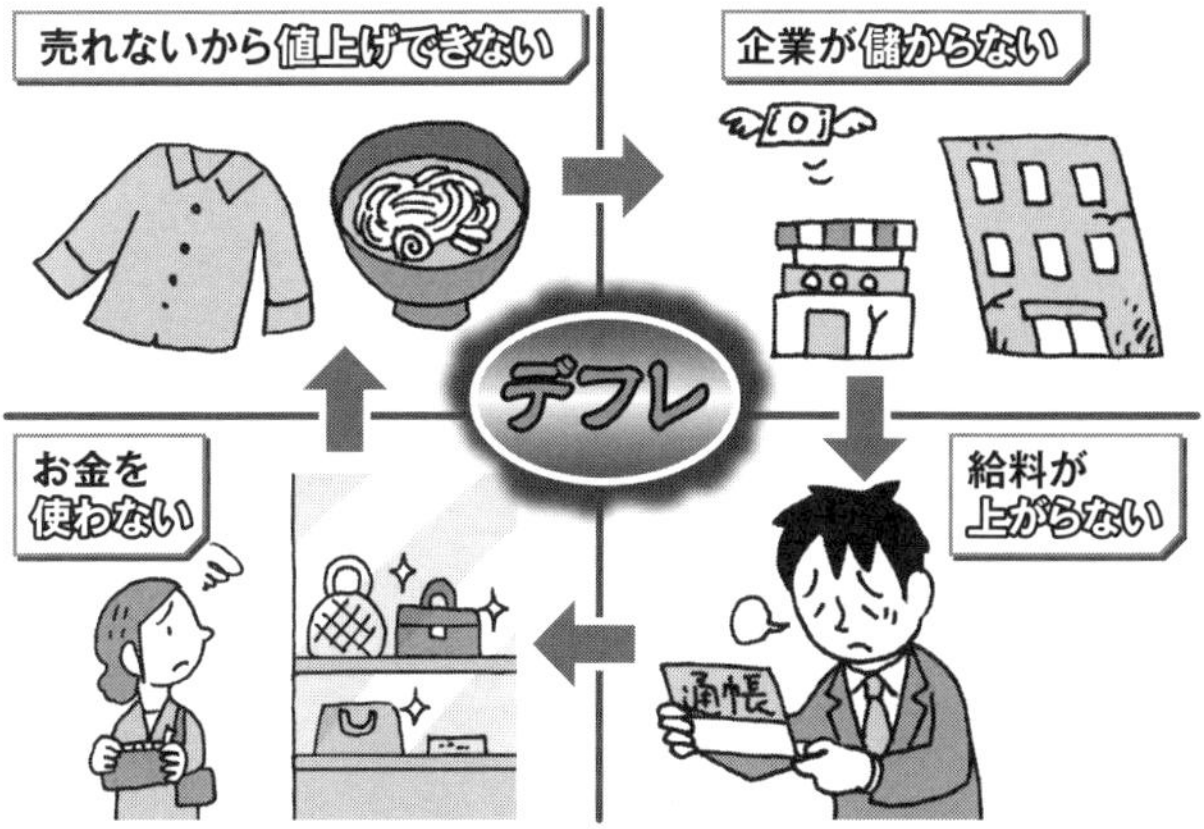

金を使わなければモノが売れない。売れないので企業は仕方なく値段を下げるようになる。

　このようにグルグルとらせん状に落ち込んでいくので、この現象をデフレスパイラルと呼んでいます。

　日本ではバブル景気が終わって以降、こういう状態がずっと続きました。デフレで値段が下がって安売り競争が盛んになり、日本は安くしないとモノが売れない国になってしまったのです。

　人間の心理として、給料が上がっていかないと将来への不安から少しでもお金を残しておきたいと考えますよね。ふだん買うモノの値上げには非常に敏感になります。

その一方、企業は原材料費や輸送費が高くなると、そのままでは利益が減って赤字になることもあるので、何らかの対応が避けられません。コストが増えた分を値上げできればいいのですが、値上げをしたら売れなくなるのは明らかです。ではどうするか。結局、値上げしないで利益を確保しようとしたら、人件費をカットするしかないわけです。

いったんデフレスパイラルにはまると、そこから抜け出すのはとても難しいことがわかると思います。

●値上げで謝罪する日本、値上げを気にしないアメリカ

実は、日本が「安い国」になったのは、私たちの意識も影響しています。値上げが嫌いで一円でも安い方がいいという私たちの意識が、デフレ脱却を難しくしている可能性があるのです。

もし、よく行く店でいつも買う商品が10パーセント値上げしていたらあなたはどう

いつもの商品が昨日より高い！ どうする？

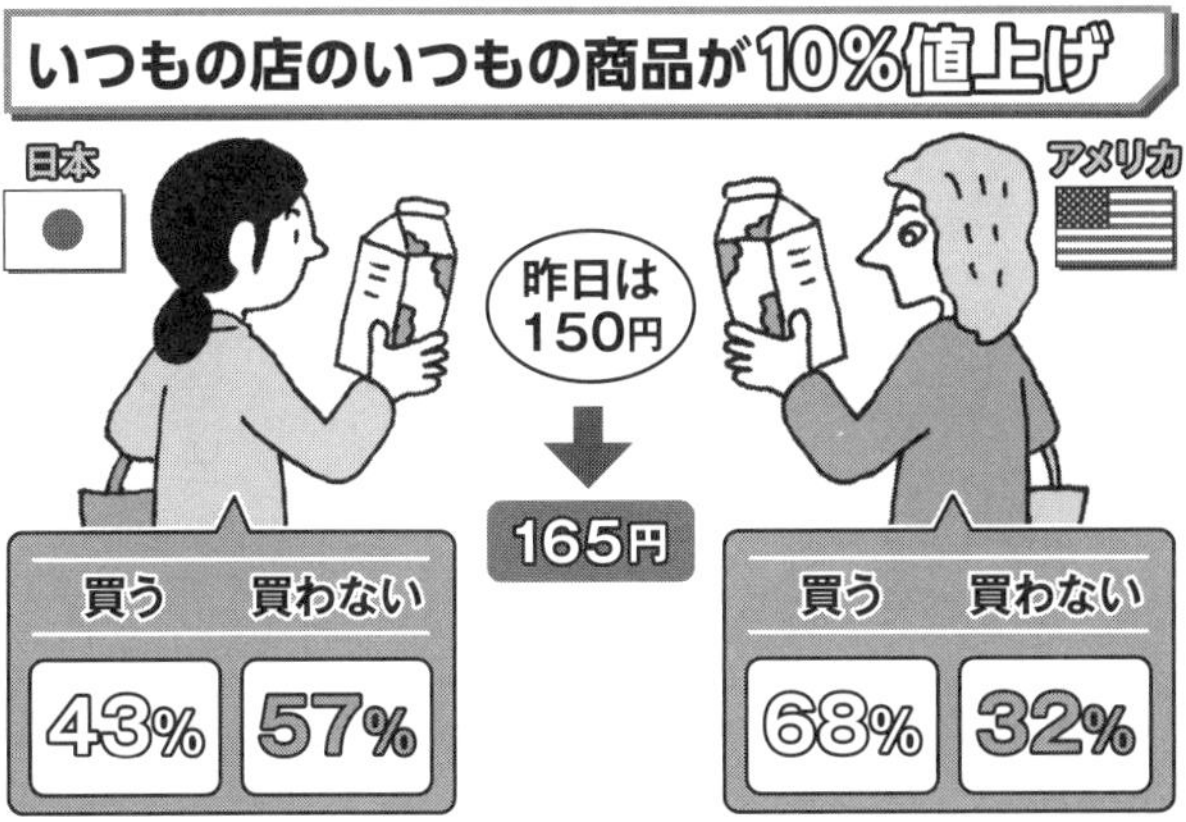

しますか？

日本とアメリカで調査したところ、全く異なる結果が出ました。日本人は「買う」が43パーセント、「買わない」が57パーセントなのに対し、アメリカ人は「買う」が68パーセント、「買わない」が32パーセントでした。（出典：渡辺努著『物価とは何か』講談社選書メチエ、２０２１年８月の調査）

日本は「ちょっと待とうか」「他の店に行ってみようか」と考えて買わない人が結構いるのですが、アメリカは気にせず買う人が大勢います。これはアメリカだけの傾向ではなく、イギリス、カナダ、ドイツでもほぼ同じようなアンケート結果が出ています。

特にアメリカでは、年々物価が上がっているので値上げはよくあること。そんなに抵抗感はないそうです。そのせいか日本のある会社のＣＭが大きな話題になりました。

それは「ガリガリ君」を製造・販売している赤城乳業という会社が２０１６年に放映したＣＭです。「値上げも仕方がない」という内容の歌が流れるなか、勢揃《せいぞろ》いした会社の人たちが一斉に頭を下げるというものです。

この歌がまたパンチが利いていて、１９７０年前後にあらゆるモノが値上がりした頃、どの会社も「値上げしない」と言っていたけど、結局は値上げするんじゃないかと皮肉ってヒットした作品でした。

25年間60円だった商品の税別価格が、２０１６年の春、ついに10円値上げして70円になるという時にこのＣＭが放映されたのです。

これを有力紙ニューヨーク・タイムズが一面で報道したため、アメリカの人たちはビックリ仰天しました。日本という国は60円が70円になるだけで大騒ぎになって、消費者に謝罪しなければいけないのか、と。

実際、日本では、値上げはそれくらいデリケートな問題です。

◉「衝撃的な円安」が大きなニュースに！

日本がここまで「安い国」になった要因の一つが円安です。円安傾向が顕著になったのは２０１２、13年頃からですが、２０２２年春以降、急速に円安が進みました。22年３月１日は１ドル＝約１１５円だったのが、同10月21日には１ドル＝１５０円を突破して「衝撃的な円安」と大きく報道されました。その後、年末には１３０円台まで戻しています。

しかし、23年に入ると再び円安が進み始め、10月26日に１ドル＝１５０円を超えると翌日も１５０円台をキープしました。

では、今と昔を比べると円高や円安のニュースはどう違うのでしょうか。実は、昔は円高や円安というニュースはありませんでした。理由は、長らく１ドル＝３６０円で固定されていたからです。これを固定相場制と言います。

円相場の推移

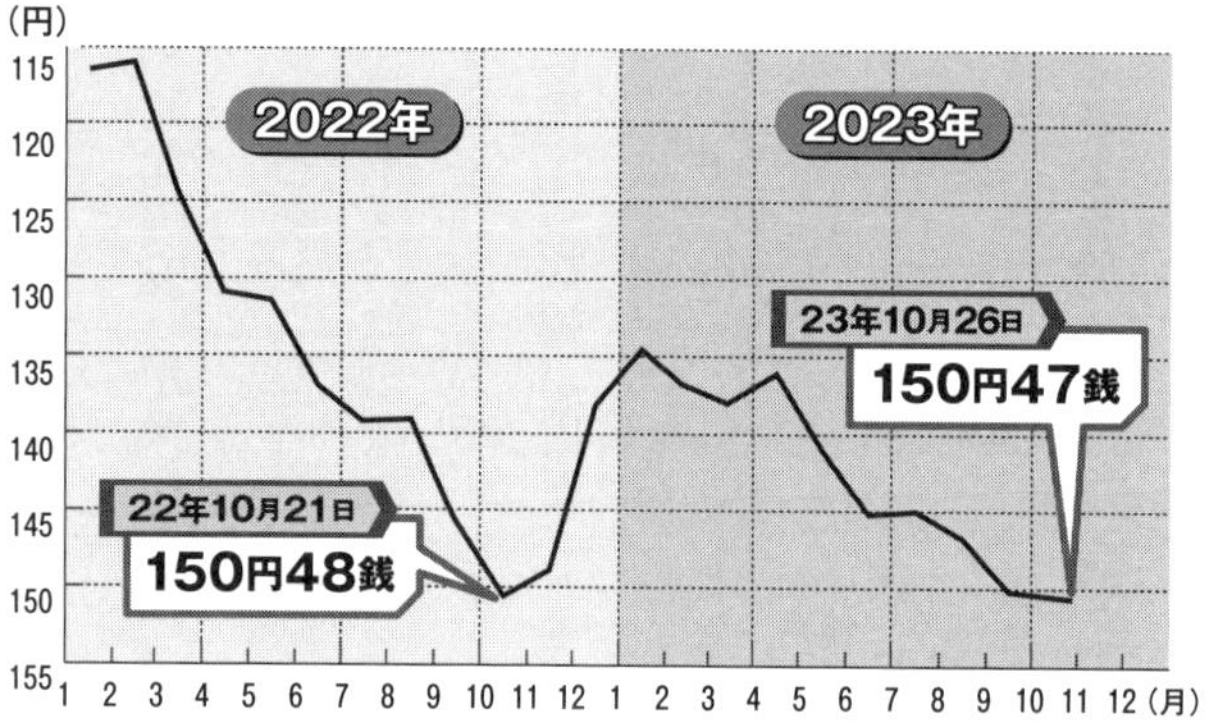

(2023年10月27日時点のグラフ)
出典：日本銀行「外国為替市況（日次）」
※東京市場ドル・円スポット 17時時点

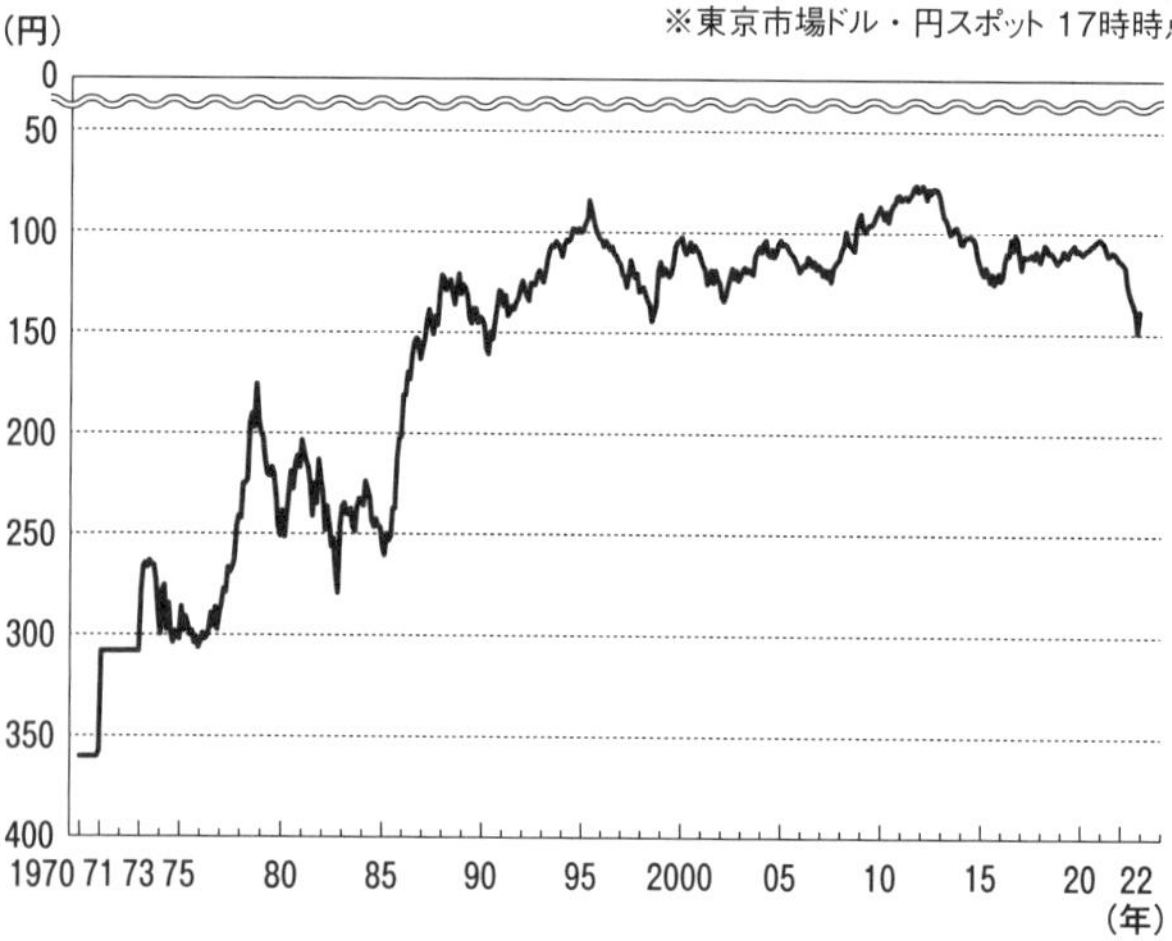

出典：総務省統計局
※e-Stat「東京インターバンク相場（円・ドル）
東京市場ドル・円スポット 17時時点／月末」

◉円安や円高が始まったのは１９７３年から

１ドルが３６０円でなくなったのは１９７３年（昭和48年）です。固定相場制は停止され、愛知揆一《きいち》大蔵大臣（当時）が、

「当分の間、外国為替の売買相場についての変動幅の制限を停止することにした」

と公式に声明を出しました。

これは固定相場だと問題が多く、１ドルの価値を決め直すことにしたためです。その結果、需要と供給の関係で価値が決まる変動相場制に移行。すると、円はどんどん値上がりし、円相場もニュースで取り上げられるようになりました。

１９７８年（昭和53年）、円相場は初めて１ドル＝２００円を突破。しかし、一気に進む円高に政府もどうしていいかわからない状況でした。

円高というのは、円の価値が高いということ。つまり、日本の経済がそれだけ成長したことを意味します。基本的には喜ばしいことなのですが、次第にそうも言っていられなくなります。

需要と供給のバランスで決めよう
1973年(昭和48年)
変動相場制に

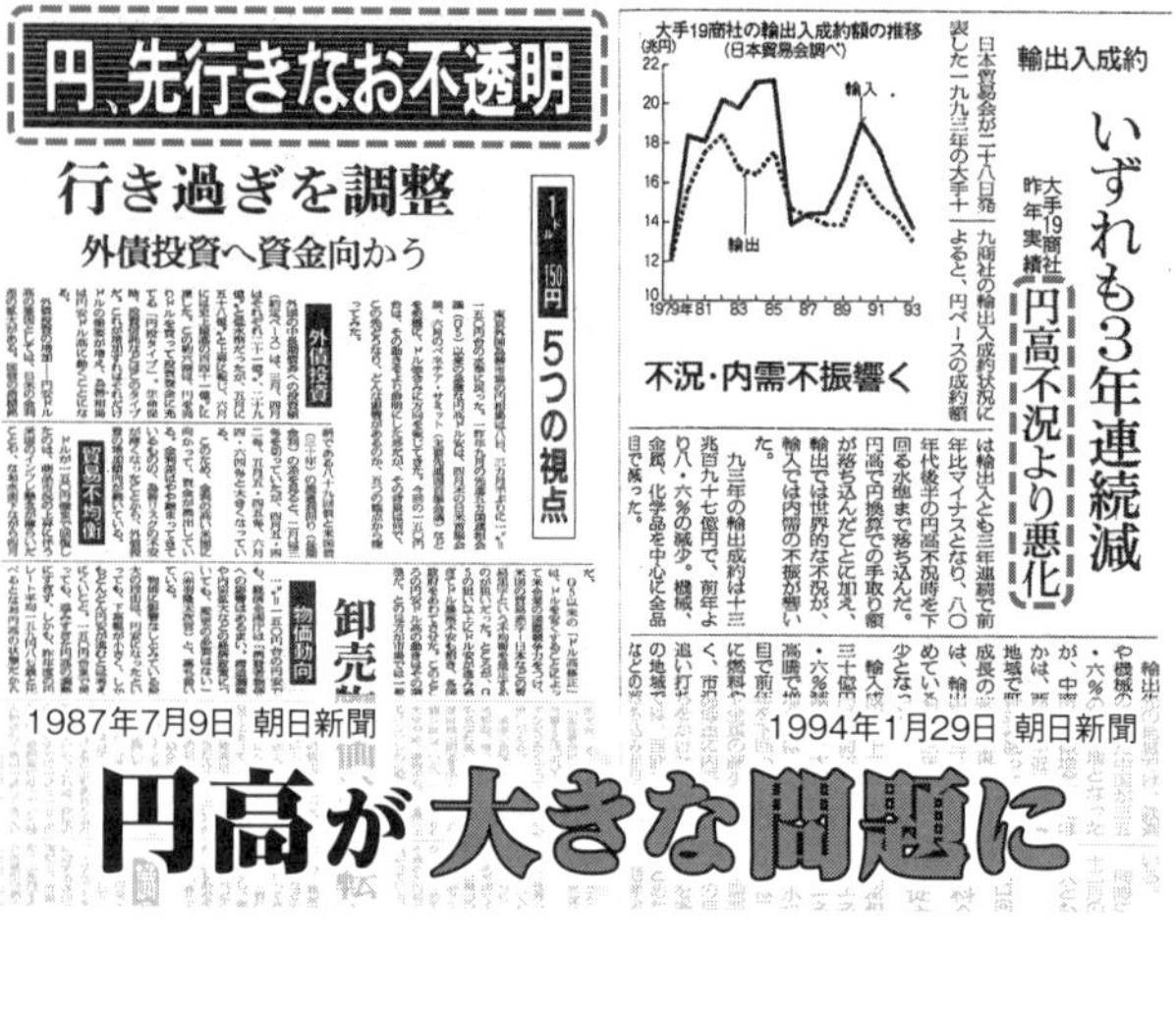

円、先行きなお不透明
行き過ぎを調整
外債投資へ資金向かう
1ドル150円
5つの視点
外債投資
貿易不均衡
物価動向
卸売
1987年7月9日 朝日新聞
輸出入成約
いずれも3年連続減
大手19商社
昨年実績
円高不況より悪化
大手19商社の輸出入成約額の推移
(日本貿易会調べ)
(兆円)
22
20
18
16
14
12
10
1979年
81
83
85
87
89
91
93
輸入
輸出
不況・内需不振響く
日本貿易会が二十八日発表した一九九三年の大手十九商社の輸出入成約状況によると、円ベースの成約額は輸出入とも三年連続で前年比マイナスとなり、八〇年代後半の円高不況時を下回る水準まで落ち込んだ。円高で円換算での手取り額が落ち込んだことに加え、輸出では世界的な不況が、輸入では内需の不振が響いた。
九三年の輸出成約は十三兆百九十七億円で、前年より八・六%の減少。機械、金属、化学品を中心に全品目で減った。
1994年1月29日 朝日新聞
円高が大きな問題に

1987年（昭和62年）に1ドル＝150円を突破。さらに1994年（平成6年）には1ドル＝100円も突破。この頃になると、円高があまりよくないことをうかがわせる感じが出てきます。これは、円高になり過ぎると、たとえば輸出製品のドル建て価格が上がって売れなくなり、日本の輸出産業が大きな打撃を受けるためです。この頃は、今とは逆に円高が大きな問題とされていたのです。

●急激な円高がバブル景気をもたらした

その一方で、円高がもたらしたといわれるのがバブル景気と海外旅行の増加です。日本経済は1980年代後半から90年代前半にかけて空前のバブル景気に沸きました。これは、円高で景気が悪くなるかもしれないという思惑から金利を下げた結果、お金が余った状態になって生まれたものです。

そのカラクリを簡単に説明しておきましょう。

金利が下がると銀行からお金を借りやすくなります。この時、企業は安い金利でお金を借りて土地を買い、その土地を担保にまたお金を借りて土地を買うということを

円の価値が上がる要因はさまざま

始めました。企業が競うように土地を買った結果、土地の値段はどんどん上昇し、借金をして土地を買っても転売すれば必ず利益が出るという状況が生まれたのです。こうして大儲けする企業が続出しました。

また、それまで株など買ったこともなかった人が株を買うようになり、ブームが生まれます。当然、株価は上昇し、それを見た多くの人や企業がお金を借りてまで株を買う。買った株を担保にまた銀行からお金を借りて株を買う。こういったことにのめり込んでいきました。株価は上がる一方ですから、安い時に買って高い時に売れば確実に儲かります。

こうして土地や株の値段が一本調子で上がっていくなかで、企業も人も大きな利益を得ることができた。これがバブル景気です。

また、円高になると、少ない円で多くのドルと交換することができます。たとえば１ドル＝３６０円が円高で１ドル＝90円になれば、手持ちの３６０円を交換して得られるドルは１ドルから４ドルへと４倍に増えます。

海外で使えるお金が増える、または安く海外旅行に行けるということで、海外に行く人が急激に増加したのです。

戦後、最も円が値上がりしたのは２０１１年10月です。その額は１ドル＝75円台でした。これはリーマンショック（２００８年）や東日本大震災（２０１１年）の影響などで円が買われ、円の価値が上がると見込んだ人が多かったためといわれています。

しかし、円高が行き過ぎると、反動が起きて円安になることがあります。１９９０年代以降は、その繰り返しで円相場は動いてきました。

●2022年の1ドル＝150円は40年前と何が違う？

円高・円安は私たちの暮らしや日本の多くの産業に非常に大きな影響を与えるため、たびたび大きなニュースになってきました。

そこで今と昔を比較してみようと思います。同じ1ドル＝150円なのに、昔は円高、今は円安。いったい何が違うのでしょうか。

まず押さえておきたいのは、1ドルがいくらだから円高だとか、これ以上安くなったら円安だとか、そういう基準のようなものはないということです。

「1987年は、1ドルが250円だった年に比べれば150円で円高だ」

「2022年3月が115円だったのに、10月には150円になったから円安だ」

という具合に、円高・円安は以前と比較した言い方です。不動の基準があって決めているわけではないのです。

そして、経済の状況は今と昔でこんな違いがあります。

『ジャパンアズナンバーワン』（エズラ・F・ヴォーゲル著）がアメリカと日本で出版

経済の状況、今と昔の違い

同じ1ドル＝150円 何が違う？

されたのが1979年ですが、1970年代後半から80年代前半にかけての日本は、製造業を中心にさまざまな産業が力強く発展していて、海外に向けて日本製品がたくさん輸出されていました。日本が経済で独り勝ちのような状態でした。

これに対してアメリカの産業界が強く反発し、日本製品の流入を阻止しようとする動きが表面化します。日本製品ばかりが売れて、アメリカ製品が売れなくなったことに危機感を抱いたのです。

こうした動きに押されたアメリカ政府は、「円安（ドル高）のせいで日本からアメリカへの輸出が急増している。円安を何とかしてほしい。むしろドル安になるように協力してほしい」と日本政府に要求をしてきました。ドル安になれば、今度はアメリカ製品が安く輸出できるようになり、アメリカの輸出産業は儲かります。そうなれば、アメリカの産業界の日本批判も収まるだろうというわけです。

そこで日本政府はアメリカに協力する方針を固め、為替レートを円高に誘導することを決めました（１９８５年９月のプラザ合意）。

ところが、日本としてはアメリカをちょっと助けるつもりでやったことなのに、円高への誘導を始めた途端、予想外のことが起きました。あれよあれよという間に円高が進んで、当初１ドル＝２５０円ぐらいだったのが翌年には１５０円を超え、約２年後には１２０円になってしまったのです。あまりに急に円高になったので、日本経済としては非常に困ったことになりました。

●最近はメリットが少ない「悪い円安」に

今はアメリカの景気が良く、世界経済はアメリカの独り勝ち状態です。そのためド

2023年の円安の特徴

ルが高く円が安い状態で、同じ1ドル＝150円でも今は「円安が進んで大変だ」と報道されています。40年前の昔と比べると、そういう違いがあるのです。

基本的に円安のときは輸出の面でメリットが多いので、日本にとってはいいことのはず。それがなぜ「大変だ」と騒がれるのかというと、今回は円安が急激に進行したため、輸入品が高くなってしまったからです。

2022年2月24日に始まったロシアによるウクライナ侵略の影響でロシア産の石油・天然ガスの供給が減り、ウクライナやロシアからの農産物の輸出も減少しました。エネルギー価格や農産物価格が高騰し、そこへ急激な円安が追い打ちをかけたことで輸入品の価格が大きく上昇し、私たちの暮らしに深刻な影響を与える物価高につながりました。

また、日本の輸出産業も、海外から部品を輸入して国内で組み立てて輸出するケースが多く、円安で輸入する部品の値段が上がれば、輸出が伸びても思ったほど利益は増えません。結果的に、あまり喜べない状態に陥っています。

そんなわけで、今回の円安は日本経済にとってデメリットが多く、「悪い円安」と呼ばれています。

◉円安に歯止めをかけるため為替介入に踏み切った

22年9月22日、政府は急激な円安に歯止めをかけるため為替介入を行いました。

その日、鈴木俊一財務大臣が記者会見を開いて、

「本日、為替介入を実施いたしました」

と発表しています。

この為替介入は、どの程度効果があるのかという期待や関心もあって大きなニュースになりました。

ところで、為替介入とはどういうことか、あなたはピンときていますか？　景気を良くしようという対策なのは何となくわかると思いますが、具体的には何をするのでしょう？

まずは為替の説明から。為替という漢字は「替える」を「為《な》す」と読みます。つまり、お金を替える、両替をすること。これが為替という言葉の意味です。これでわかるように、外国のお金と日本のお金を両替（交換）すれば、それが外国為替ということになります。

常に両替をしたい人（円を買いたい人や売りたい人）が大勢いることによって、この為替は上がったり下がったりしています。今回、日本政府が為替介入したのは、政府がその両替の場（外国為替市場）に出てきて、お金を使って両替のレートを動かそうとしたということです。

政府から独立した日銀がお金をコントロールする

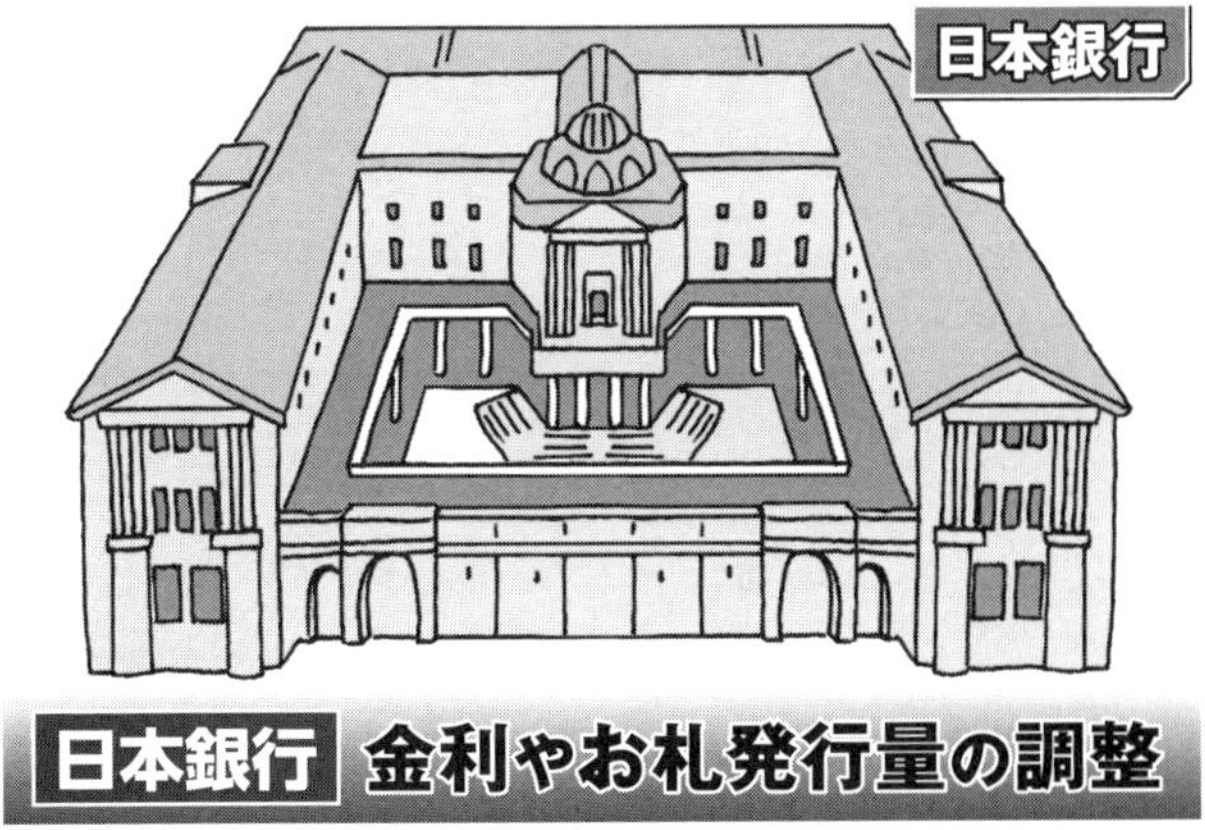

●為替介入は11年ぶり、円安を止める介入は24年ぶり

このニュースのポイントは、政府が円とドルの両替に介入したことにあります。しかし、政府が直接、介入の実務をやるわけではありません。よくニュースで金融政策の話題が出ますが、あなたはお金に関することを政府がやっていると思っていませんか？　実は違うのです。

ゼロ金利やマイナス金利など金利に関するニュースでは、大抵の場合、主役は日本銀行（日銀）です。金利の調整やお札発行量の調整は日銀がしています。特にお札の発行については、国がその役割を担うと、お金が足りなくなったらお札を刷ればいいだろうということで際限がなくなるため、政府から独立した日銀がお金のコントロールをすると法律で決められています。

為替介入は、決定は政府が行いますが、現場でお金のやり取りをするのは日銀です。為替介入というのは、要するに政府がたくさんのお金を使って円安や円高に誘導することです。実はこれ、よくある経済ニュースだと思ったら大間違いで、かなり珍しいことなのです。

以前、円高になりすぎてしまったため、政府が円高を抑えようとして介入したことがあります。為替介入はその時以来で、約11年ぶりでした。今回のように円安が行き過ぎてしまい、円高に戻そうとして政府が介入（円買い介入）したのは実に約24年ぶり。めったにない出来事だったのでビッグニュースになったわけです。

この時は、政府が動かなければいけないほど日本経済が大ピンチでした。そこで約2・8兆円もの大金を使って介入をしました。

次に、どんなふうに売ったり買ったりするのか見てみましょう。

◉そうだったのか!!　政府と日銀の関係

為替介入をやろうと決めるのは財務大臣です。でも、財務大臣は政治家ですから実務のことは詳しくありません。鈴木財務大臣の会見でも、財務省の神田財務官という官僚が同席してサポートしていました。

いくらお金を使うか、どうやってやるかを具体的に決めて指示するのは財務省であり、財務大臣の下にいる役所の専門家、具体的には国際局為替市場課に配属されたお金のプロたちが決めています。

そして、彼らの指示を受けて、実際に為替の取引をするのが日本銀行です。ただし、この場合の日本銀行は、政府に言われたとおりの事務的な仕事をしているにすぎません。政府が決めたことを日銀が実行しました、という意味しかないのです。

日本銀行は「政府の銀行」だと学校で習いましたよね。私たちが納めた税金や社会保険料などの国の資金、政府に入ってくるお金は日銀が管理しています。ちょうど政府の財布のような役割を日銀がしていて、為替介入をする場合もお金を使うのは日銀

政府と日銀、なぜ分かれている？

為替介入
なんで分かれている？
政府 決定
日銀 実行

為替介入の流れ

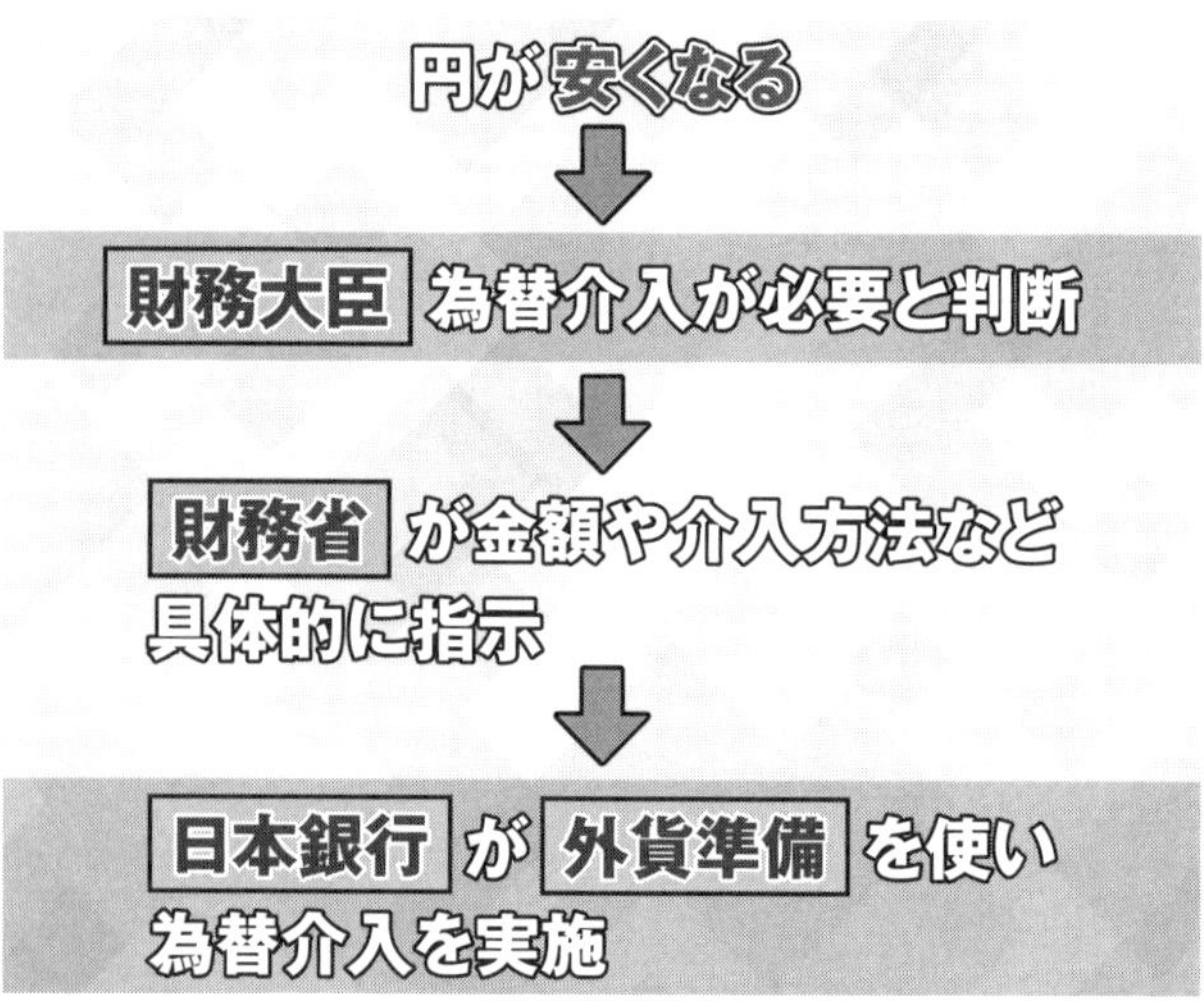
円が安くなる
財務大臣 為替介入が必要と判断
財務省 が金額や介入方法など具体的に指示
日本銀行 が 外貨準備 を使い為替介入を実施

です。

日本銀行は金融政策などは独自に決めて行うのに、為替介入は言われたとおりに動くだけ。こういうややこしい役割分担をしているのには理由があります。

為替介入に使うのは国のお金です。国のお金の使い道を管理しているのは財務省ですから、何にいくらお金を使うかは政治的に判断することになります。日本銀行は金利水準やお札の発行量を決めるという実務をしていますが、「円安が進みすぎたとき、為替介入をするのか、それともしないのか？」「為替介入をするとしたら、どの程度の規模でやるのか？」といったことは、やはり政治判断が必要になるのです。

◉為替介入には外貨準備を使う

為替介入で円安を円高に変えるには巨額のお金が必要です。これをするときは、外貨準備（政府や日銀が保有するドルなどの外貨資産）を活用します。

日本は外貨準備としてドル以外にユーロも持っていますが、ほとんどはドルです。22年8月末時点で、全部で日本円にして約190兆円という莫大なお金を保有してい

為替介入には外貨準備を使う

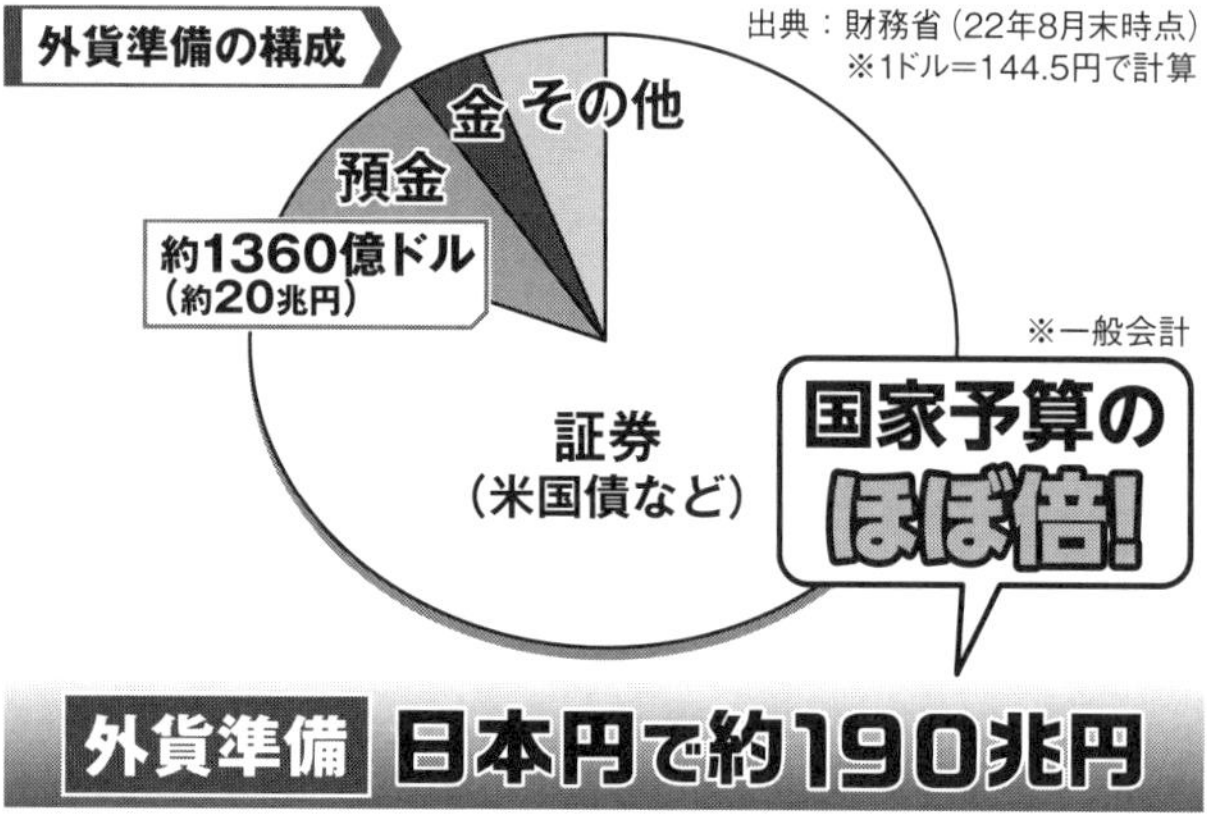

ました（1ドル＝144・5円で計算）。これは年間の国家予算（一般会計）の倍近くに相当する金額です。

22年9月の為替介入で使ったのは約2・8兆円。その結果を示したのが77ページのグラフです。

9月22日、1ドルが一時145円を超えました。政府が「これは行き過ぎだ」と思うくらいの円安になったわけです。そこで円を買う為替介入を実行。その途端、一挙に140円台まで円高になりました。確かに効果があったように見えます。これで円安に歯止めがかかりました。でも、その後どうなったかというと、す

ドル円の動き（2022年9〜10月）

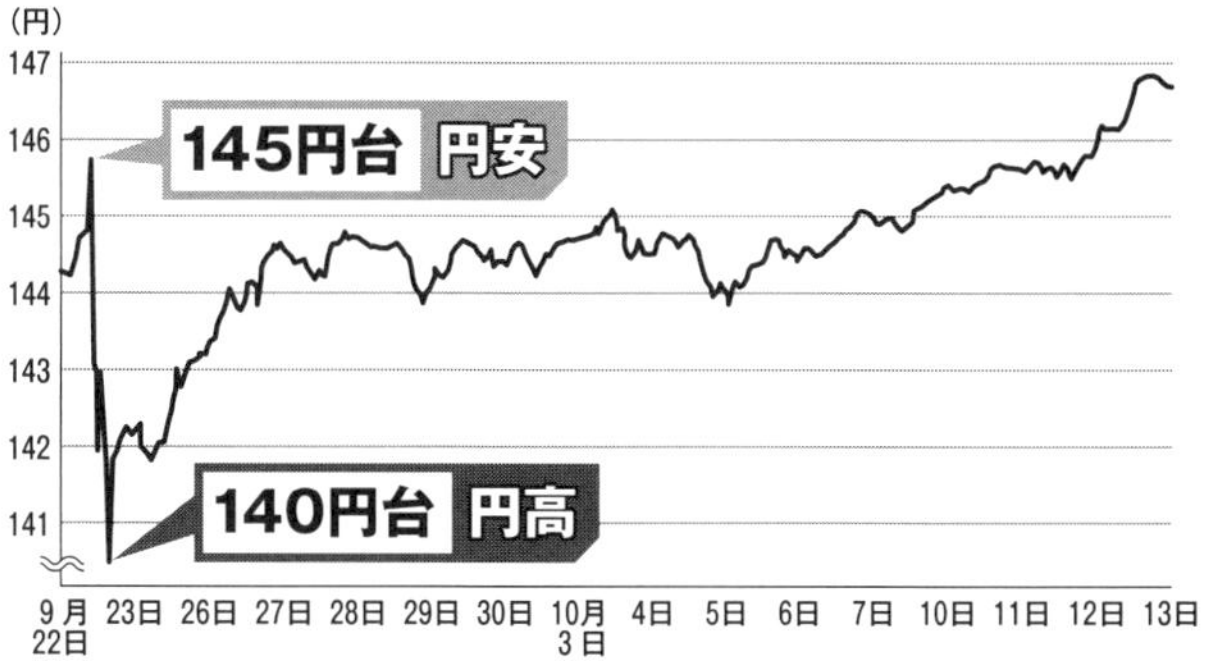

ぐ元に戻ってしまいました。グラフを見れば一目瞭然です。

円安に逆戻りしたため、政府はこの後、22年10月21日、24日と連続して2回目、3回目の介入を実施しました。3回合わせて使った金額は約9・1兆円です。（出典：財務省）

今度はかなりの効果があり、円相場は円高が進んで23年1月に127円台になっています。ところが、介入の効果もここまでだったようです。その後は再び円安に転じ、23年8月半ばには145円を突破してしまいました。

為替介入で知っておかなければいけないのは、外貨準備が190兆円あるからといっていくらでも介入資金に使えるわけではないということです。そこにはおのずと限度があります。

外貨準備の構成を見ればわかるように、日本が保有しているのは約8割がアメリカなどの国債です。この国債を売れば円を買う介入資金にできますが、たくさん売るととんでもないことになってしまいます。

●為替介入の前にアメリカに相談するのが暗黙のルール

アメリカの国債が大量に売り出されたら、国債の値段は下落します。そうなればアメリカ経済に影響が出るのは確実で、アメリカが怒る可能性があるのです。

また、アメリカでは一般的に、為替レートは通貨の自由な売買によって決まるのが望ましいとされています。政府がマーケット（市場）に介入して、わざわざ円安や円高に誘導するようなことはすべきでない、というのがアメリカの基本的な考え方です。

日本が介入して円安になれば、ドルはその裏返しで高くなり、介入で円高になればドルは安くなるため、どちらにしてもアメリカ経済は影響を受けます。その影響が良いものであればいいのですが、悪影響が及ぶ場合、アメリカ政府は黙っていないでしょう。

そこで日本としては、「円安が進みすぎてしまったので何とか円安にブレーキをかけたい。このままでは日本経済がガタガタになってしまう。アメリカにも事情を理解して納得してもらいたい」というように、あらかじめ声をかけて反対しないように説得する必要があります。

こういう事前交渉は、日米両国間の決まり事ではありませんが、そうしたほうが物事がスムーズに進むということで暗黙のルールになっています。

今回も、日本側は1年ほど前から円安を予想して交渉していたといわれています。交渉を続けて、納得してもらえるというタイミングで為替介入に踏み切ったということです。

ただ、事前にアメリカ側に根回ししておけば、アメリカが何でも言うことを聞いてくれるわけではありません。アメリカにとってデメリットが大きいと判断すれば、強く反対するはずです。アメリカ国債の売却も、それが大量であればあるほど、アメリカが反対するので難しいと考えるのが自然です。

「日本はアメリカに遠慮して、なかなか国債を売れないだろう」

多くの人がこう考えています。ということは、これから日本政府がまた為替介入を検討したとしても、海外の投資家はもう足元を見ているのです。日本にはそこまでの介入資金はないと思われれば、この先も円安がじわじわと進んでいく可能性は十分あります。

円安の1ドル＝145円が行き過ぎだとしたら、いくらぐらいがちょうどいいのでしょうか。

これは、前にも述べたように、いくらなら円安で、いくらなら円高というのは、特に決まっていません。したがって、円安でも円高でもない適正な水準というのも決まっていないのです。

ただし、1ドル＝105～110円の頃、当時の経済界の人たちは「これぐらいがちょうどいいお風呂の温度だな」という言い方をしていました。

日本のGDP第3位は、本当の豊かさではない？

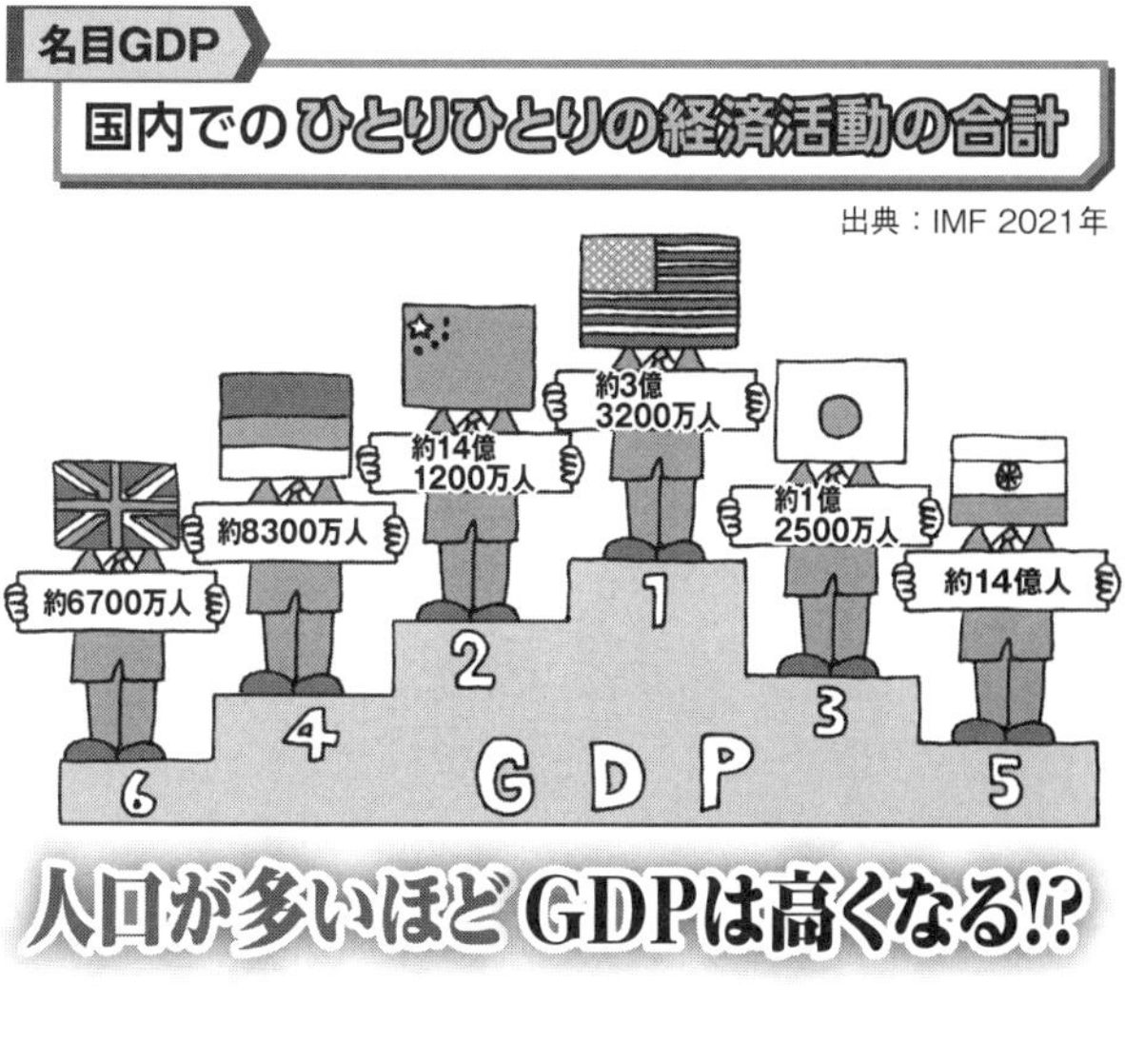

1人当たり名目GDP（2021年）

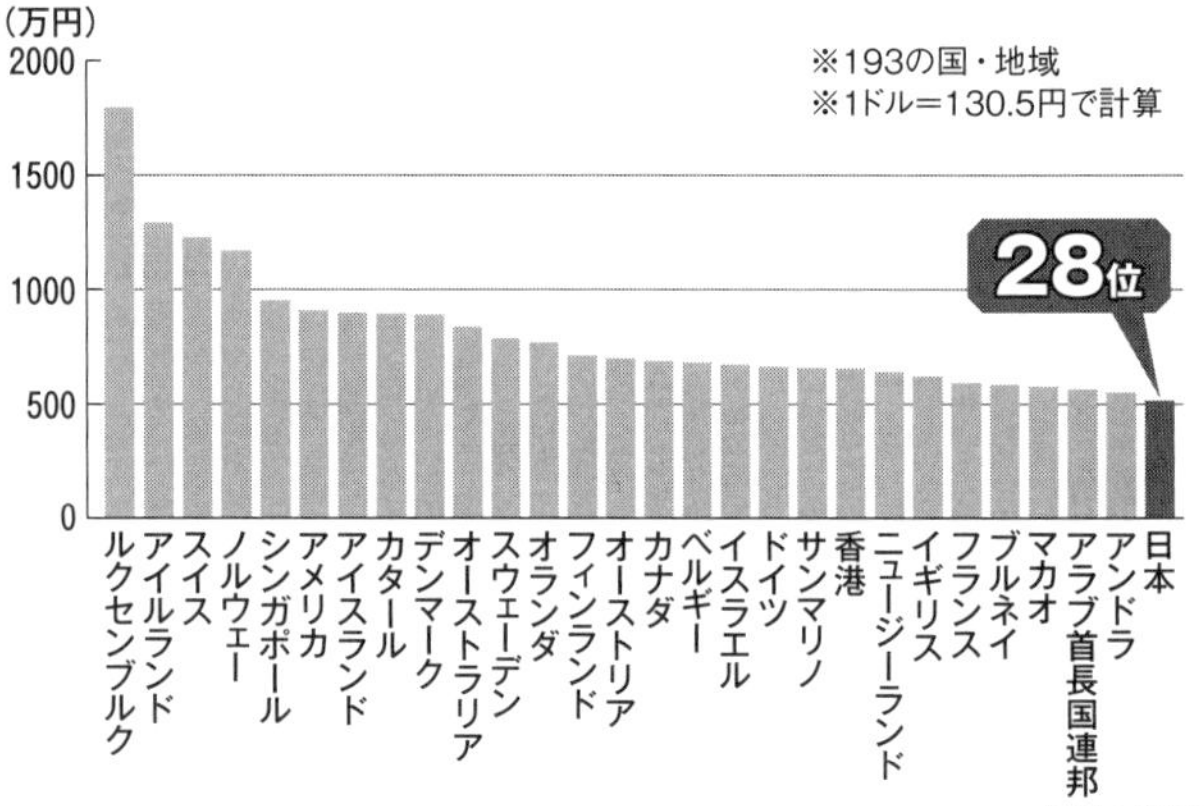

出典：IMF

●人件費の安い日本、人材が海外流出のピンチ！

長くデフレが続いたといっても、日本はGDPが世界第3位の経済大国です。しかし、国全体のGDPは国内で一人ひとりが経済活動をした合計です。ですから人口が多い国ほど高くなる傾向があります。

日本は世界的に見ると人口が多いのでGDPも大きくなりますが、現在、GDPを人口で割った一人当たりGDPは28位です（出典：IMF、21年）。2000年は国民一人当たりでも2位のお金持ちだ

日本のIT業界、給料の安さから人材が流出

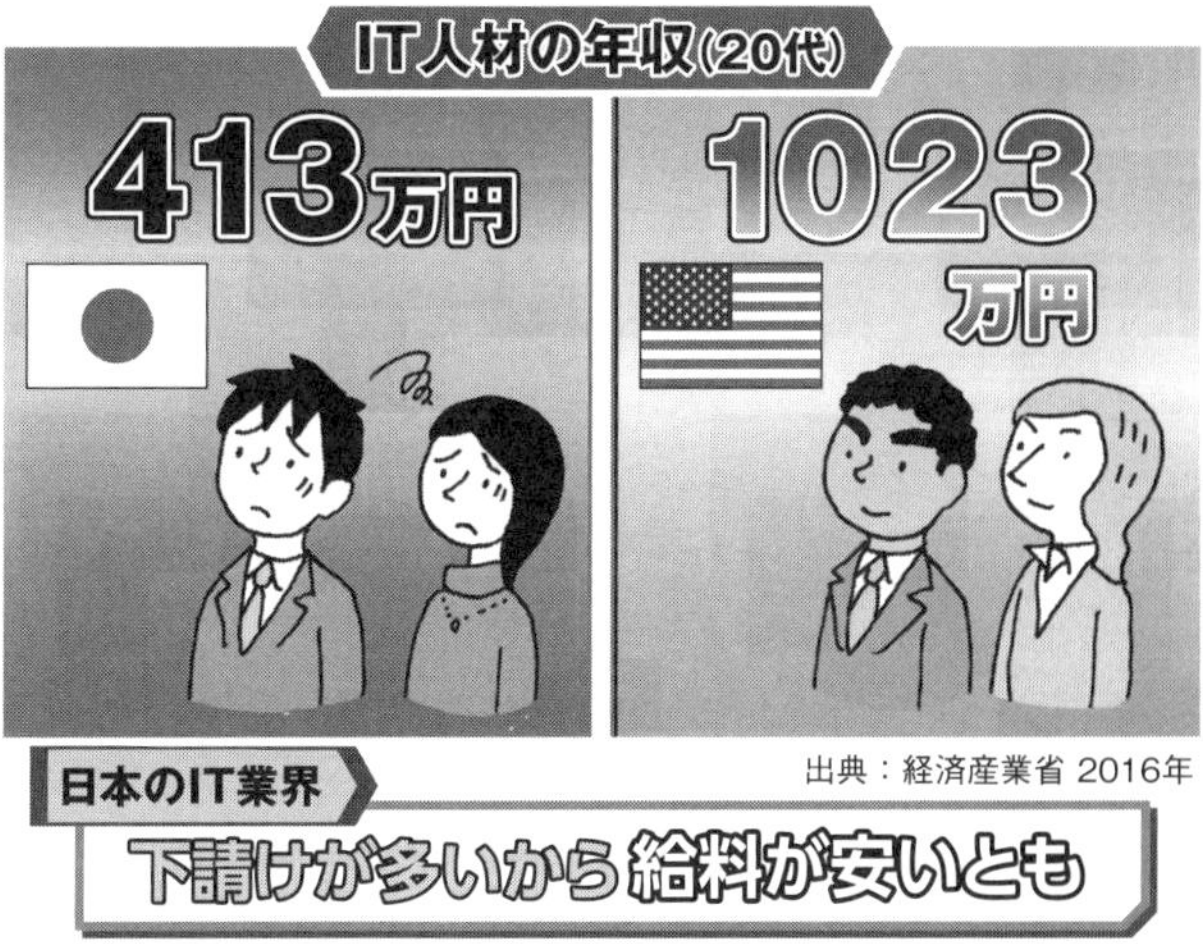

ったことを考えると、だいぶ順位が下がってしまいました。

原因の一つは、給料がなかなか上がらないこと。そのため、こんな問題が起きています。

人材の流出です。世界のどこでも通用する能力を持った人が海外に行ってしまうのです。日本で給料が上がらないなら、給料の高いところへ行こうと考える人たちが出てきました。技術者一人だけではなく、助手も含めチームが丸ごと流出するケースが増えているそうです。

特に深刻なのがＩＴ業界で、20代

特許の出願数

出典：WIPO 2019年

の平均年収はアメリカの約１０２３万円に比べて、日本は約４１３万円（出典：経済産業省、２０１６年）。実に半分以下です。日本の場合、ＩＴの様々なソフトを作ってほしいという依頼は下請けに出します。ＩＴ技術者は下請けで働いていることが多いのでなかなか給料が上がらない。結局、海外に逃げていく人材が多いというわけです。

その結果、２０１１年まで世界一だった特許の出願数が、今は3位にダウンしました（出典：ＷＩＰＯ、２０１９年）。日本は技術大国ではなくなりつつあるのです。

●アジアの国々が日本を下請けに!?

さらに、このままでは海外の下請けになってし

台湾のTSMCが熊本に半導体の工場を建設

半導体確保「国策」正念場

台湾のＴＳＭＣ 日本に工場建設

国内産業の起爆剤狙う

巨額の支援 効果は

出典：2021年10月26日 毎日新聞

まう恐れも出てきました。

日本はかつて人件費の安い中国や東南アジアに工場を建ててモノを作っていました。ところが、今は海外で人件費がすっかり上がってしまったため、人件費の安い日本に工場を作ろうという動きが生まれています。

最近も台湾の半導体メーカーが九州に工場を作るというニュースが大きな話題になりました。「日本に進出してくれるんだ」という見方もありますが、そう単純な話でもないのです。

台湾メーカーにしてみれば、日本は人件費が安いから日本に進出しようという

アニメーターの平均月収

出典：中藤玲著『安いニッポン「価格」が示す停滞』日本経済新聞出版、2021年
出典：アニメーター実態調査2019

ことです。

少し前に日本がアジア各国に工場を作ったことの逆バージョンが今起きています。これからいろいろなアジアの企業が、人件費の安い日本に工場を建てて日本人を雇おうという動きが進むかもしれません。

実際に今、下請けになりつつあるのが、日本が世界に誇るアニメ産業です。これまでは中国に発注することが多かったのですが、中国の方が人件費が高くなってしまい、変化が起きました。日本のアニメーターたちが一生懸命作って、いわば中国の下請けとして中国の会社に納入す

アニメ業界の現状

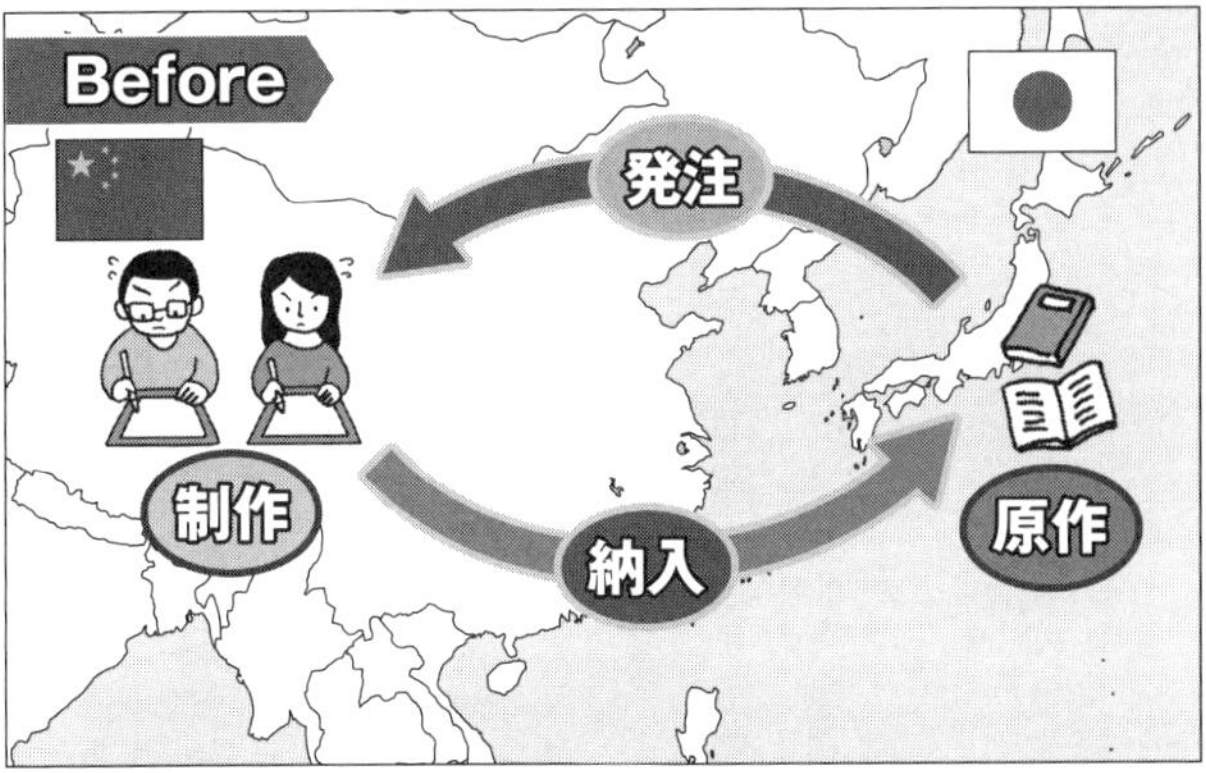

これまではラフ原画を中国に発注していた

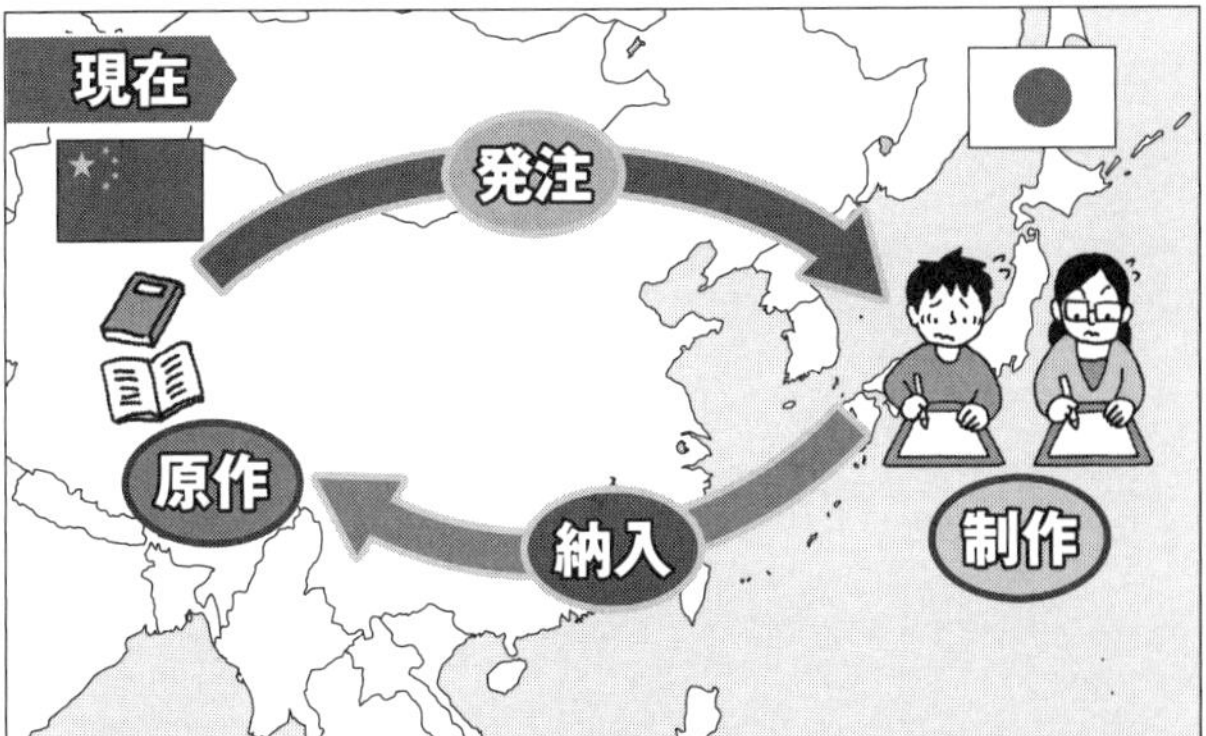

現在は、日本が中国の下請けになっている

るという構図が生まれています。
日本と中国では給料が全然違うのです。中国は制作会社の税金を優遇し、奨励金を出すなど、国を挙げてアニメ産業をバックアップしています。高い給料を払うだけの余裕があり、日本で現場のアニメーターの平均月収が約19万円（出典：「アニメーター実態調査2019」）なのに対し、中国は3倍近い約52万円です。（出典：中藤玲著『安いニッポン「価格」が示す停滞』日本経済新聞出版、21年）
これでは、同じ苦労をするのだったら中国の下請けになって高い給料をもらおうと考える人が出てきても不思議はないですよね。また、日本のアニメーターが中国に引き抜かれているという現実もあります。
このままいくと、アニメといえば日本ではなく、中国と言われてしまうかもしれません。

第3章

日本経済が30年以上不景気な理由

――日本人の性格が影響している!?

◉最低賃金は上がったけれど……

会社などに雇用されている人に最低限これくらい時給を払いなさいと定めているのが最低賃金です。

その最低賃金が2022年度、大きく引き上げられて全国平均で961円になり、過去最大の上がり幅（31円）になったと報じられました。2023年度は、2年続けて上がり幅が過去最大となり、43円上がってついに1000円を突破。全国平均で1004円になりました。（出典：厚生労働省）

最低賃金は月給をもらっている会社員にも適用されます。月給を1カ月の労働時間（平均所定労働時間）で割れば時給が出ます。これが最低賃金よりも低ければ法律違反に問われることになります。

最低賃金は雇われている人みんなに関係するので、決してアルバイトやパートだけの話ではないのです。ただし、自営業など売り上げで働く人には最低賃金は適用されません。たとえば、お笑い芸人が「1時間500円でどうですか」と金額を提示され

最低賃金の推移（全国加重平均）

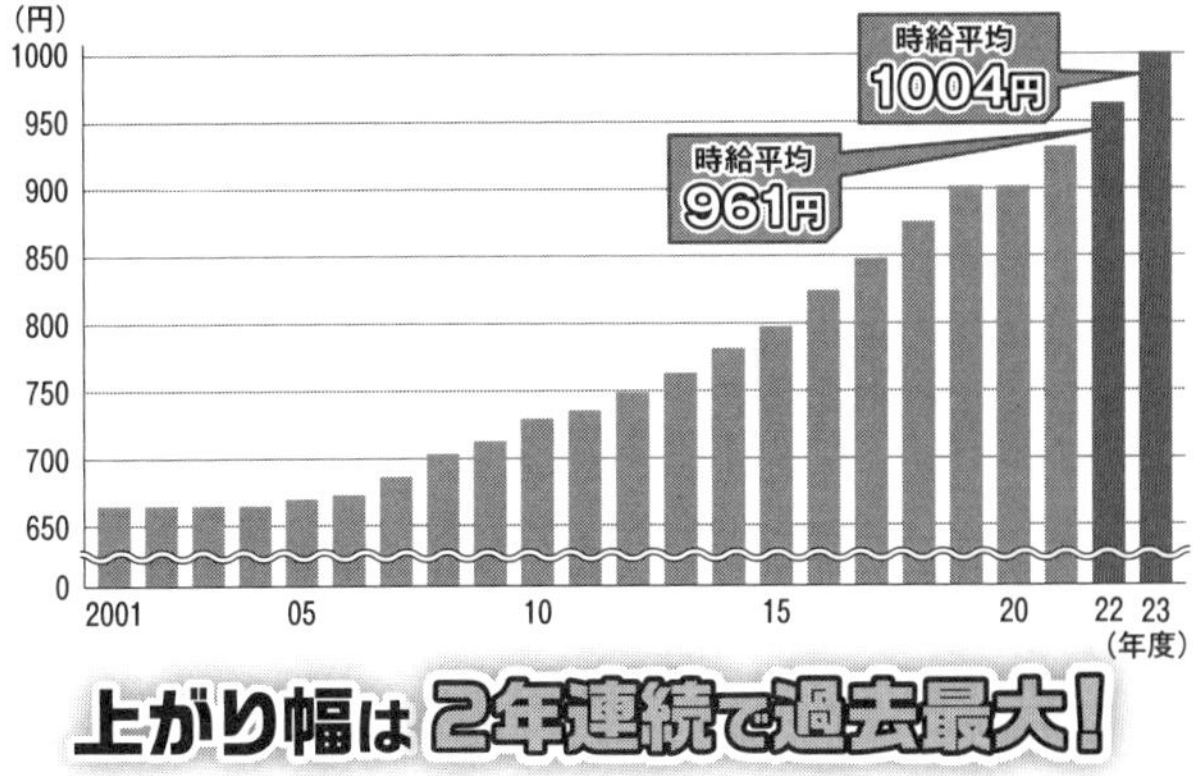

出典：厚生労働省

て、（渋々でも）了承すれば契約が成立したことになり、基本的には自己責任です。

22年度に最低賃金が過去最大の上がり幅になったのは、物価が上がったことによるものです。でも、理由はほかにもあるといわれています。その理由とは何だと思いますか？

それを知るために、まず最低賃金がどうやって決まるのか見ておきましょう。

●最低賃金はどうやって決まるの？

最初に、国の審議会が前年度よりも最低賃金をどれだけ上げるかという目安を

最低賃金は都道府県によって金額が違う

決めます。次に、その目安に基づいて各都道府県が最低賃金を決めていきます。22年度に関していえば、東京は1072円、北海道は920円、大阪は1023円、福岡が900円でした。このように最低賃金は都道府県ごとに金額が違います。全国一律でないのは、地域によって物価や給与水準にバラツキがあるからです。東京など物価が高く給料をたくさんもらっている人が多いところは最低賃金も高く、そうでないところは最低賃金も低くなります。

最低賃金が決まるまでのプロセスで大変なのが、目安を決める審議会です。労

最低賃金が決まるまでのプロセス

働側と経営側の意見がぶつかることが多く、労働側は「上げてほしい」と言い、経営側は「無理だ、ダメだ」と言ってなかなかまとまりません。ここでポイントになるのが、第三者の立場の学者などが務める公益委員です。

公益委員が労働側に行って「いくらぐらい要求したいですか？　どの辺だと妥協できますか？」と尋ね、個別交渉を行います。彼らは経営側にも行って、「もう少し上げられませんか？　いくらまでなら受け入れ可能ですか？」とやはり個別交渉を行い、両者の要求をすり合わせるのです。

一度でまとまらなければ同じことを繰り返し、そうやってすり合わせを行って、毎年、最低賃金の目安を決めています。

●給料が上がらないのが日本の大問題

しかし、公益委員が仲介するといっても、労働側と経営側の金額が一致するまで個別交渉を繰り返すのは骨の折れる作業です。上げ幅も小さくなりがちです。そこで、公益委員はあるものを参考にしてまとめていました。ここ数年、実は政府の方針に従

2015年、安倍政権のスローガン

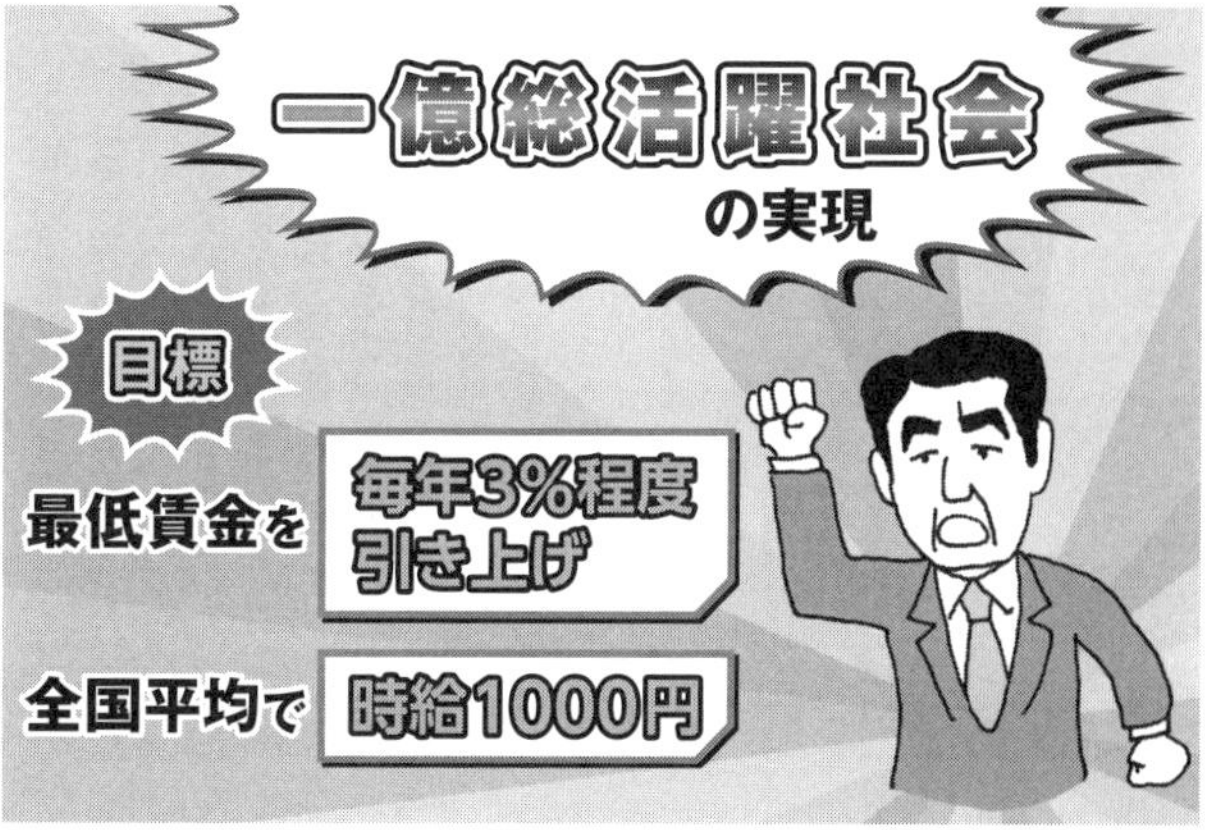

っているのではないかといわれています。

あなたはこんなスローガンを覚えていませんか。

「一億総活躍社会の実現」

2015年に安倍政権のときに出された、50年後も人口1億人を維持して誰もが活躍できる社会を目指すというものです。

この安倍政権の方針の中に、最低賃金を毎年3パーセント程度引き上げて、全国平均で時給1000円にするという目標がありました。その結果、15年度までは高くても2パーセント前後だった時給

最低賃金 時給の上昇率

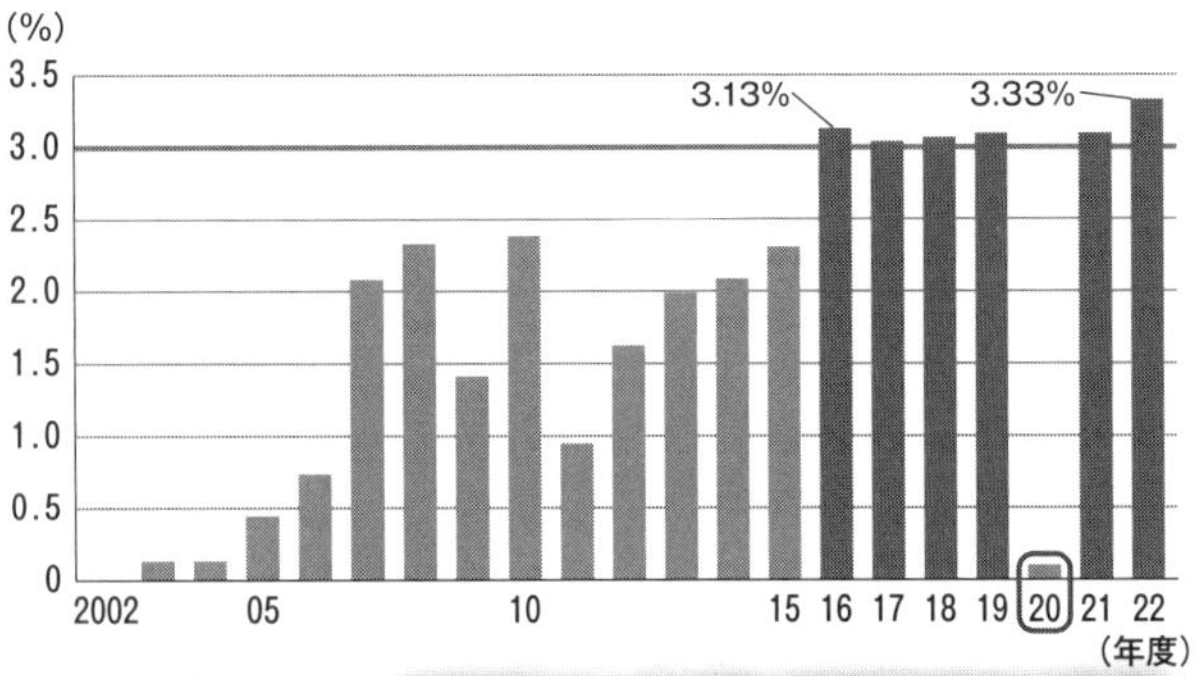

最低賃金は政府の方針が目安に!?

※厚生労働省の数値を基に計算

の上昇率が翌年度から見事に3パーセントを超えています。

20年度に関してはコロナ禍の影響でわずかしか上がっていませんが、それ以外はまさに政府の方針どおり、3パーセントを超える上げ幅で時給が決まっていたことがわかります。

こうして最低賃金が着実に上がっている一方で、給料はあまり上がっていないとよく言いますよね。平均年収が1991年の金額を100としたとき、どれくらい増えたのか海外と比べてみると、次のページのグラフのようになりました。

アメリカとイギリスも増えています

平均年収の推移

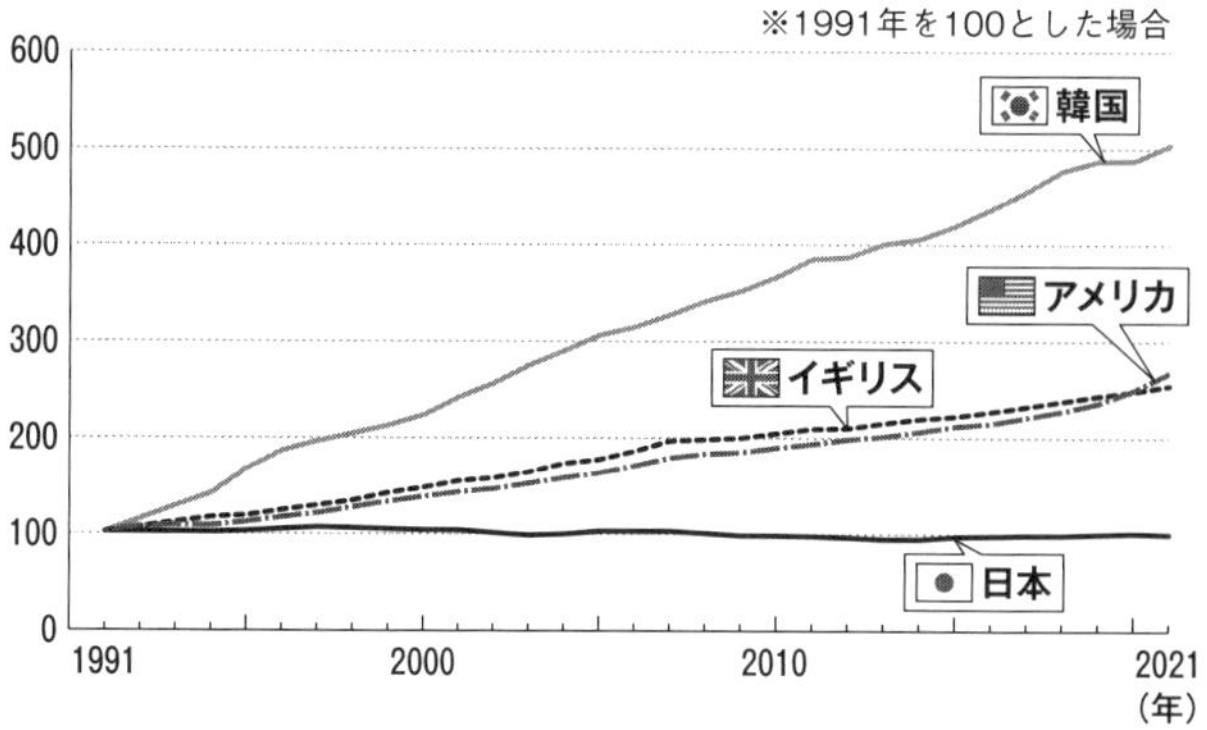

OECDのデータをもとに番組で作成

し、韓国は著しい増加率を示しています。ところが日本はというと、この間ずっと横ばいです。最低賃金以上で働いている人たちの給料が上がっていないため、結果的に平均年収も増えないのです。

●世界一のお金持ちは誰？その総資産はどのくらい？

ここまでで触れたように、アメリカで値上げをあまり気にしないのは、好景気が続いていることも理由の一つです。企業の時価総額上位10社のうち8社までがアメリカ企業（23年4月28日時点）ということからも、それがわかると思います。

世界一のお金持ちも、23年は2位に落ちたものの、前年の22年はアメリカのイーロン・マスク氏でした。テスラやスペースXなどのCEO（最高経営責任者）として誰もが知っている人物です。

「2022年版フォーブス世界長者番付」で1位になったイーロン・マスク氏の当時の総資産は日本円で約25兆円に上ります。この年の2位はアマゾン会長のジェフ・ベゾス氏で総資産は約20兆円。4位がマイクロソフト創業者のビル・ゲイツ氏で約15兆円。15位にFacebook（現Meta）創業者のマーク・ザッカーバーグ氏が入り、総資産は約7・8兆円でした。

マスク氏が23年に2位に落ちたのは、ツイッター社の買収にお金がかかったことと、テスラの株価が下がったことが影響したためです。代わって「2023年版フォーブス世界長者番付」で1位に輝いたのがフランスのベルナール・アルノー氏です。総資産は約28兆円（1ドル＝133円で計算）。ルイ・ヴィトン、クリスチャン・ディオール、ティファニーなど世界中の名だたるブランドを数多く持っている会社、L

2022年版フォーブス世界長者番付

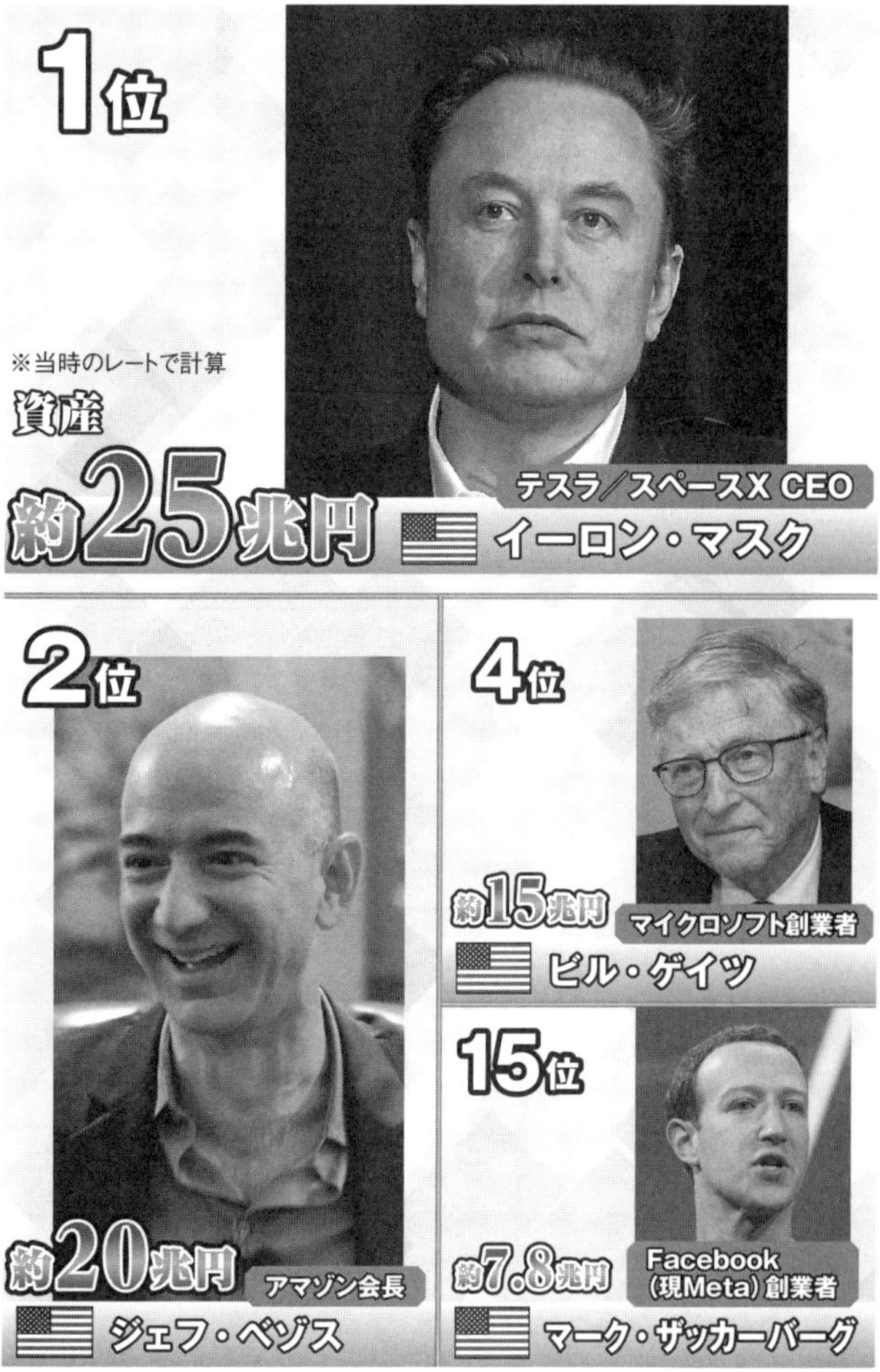

2023年版フォーブス世界長者番付

1位

※1ドル＝133円
で計算

資産

約28兆円

LVMH 会長兼CEO

ベルナール・アルノー

Berzane Nasser／ABACA／共同通信イメージズ

フランスについて
何か知ってる？
大統領の名前も知らない
クリスチャン・ディオールという
名前だけは聞いたことがある
TAXI
ベルナール・
アルノー氏
…！
ファッションブランドか…！
ニューヨーク

世界で知られているのはファッションブランド

ＶＭＨの会長兼ＣＥＯです。

この人はもともとファッション業界とは無縁の実業家でしたが、ある時、急にファッションに目覚めたそうで、こんなエピソードが伝わっています。

ニューヨークのタクシー運転手に「フランスについて何か知っている？」と聞いたところ、「大統領の名前も知らないけど、クリスチャン・ディオールという名前だけは聞いたことがあるよ」と言われ、「そうか。世界で知られているのはファッションブランドか」とひらめいたということです。

これがきっかけでファッションビジネスに興味を持つようになって、次々にブランド企業を買収して傘下に収めていきました。こうして世界に知られるブランドをたくさん持つようになったのですが、本人の名前は意外に知られていないようです。

そんなアルノー氏が世界一のお金持ちになったのは、所有する高級ブランド製品がよく売れたからです。不景気の日本でも結構売れたそうです。これはなぜだと思いますか？

主な理由は二つです。一つは、新型コロナウイルスの蔓延《まんえん》で本来使う予定だったお

コロナ禍でも高級ブランドが売れたのはなぜ？

海外旅行
高級ブランド
こっちに
使うか
百貨店の外商
お客さんのもとに出向いて商品を販売
外商の売り上げがアップ！

金が使えなくなり、そのお金が高級ブランドに向かったから。玉突き消費という言い方をすることもあります。コロナ禍で海外旅行に行けなくなった。でも何かに使いたい。そこで海外旅行にお金を使うのをやめて、玉突きで高級ブランドを買ったというわけです。

もう一つは、百貨店の外商が伸びたからです。外商とは、お得意様のもとに出向いて商品を販売すること。コロナ禍で多くの人が外出を控えるようになったため、百貨店側は外商に力を入れました。この外商を利用できる人はお金持ちが多く、その売り上げがアップしたのです。

◉約30年前は日本人が一番お金持ちだった！

世界のお金持ちの中に日本人はどのくらいいるのでしょうか。今では信じられないことですが、30年ほど前は日本人が一番お金持ちでした。

「1989年純資産2760億円超の国別人数」（出典：フォーブス）を見ると、日本人は11人で全体の31パーセントを占めています。この時、アメリカ人は9人。日本人の方がアメリカ人よりも多く、人数では日本がトップでした。

1989年はちょうどバブルの絶頂期です。当時、世界一のお金持ちも日本人でした。誰だかわかりますか？　ヒントはスポーツにも関わっていた実業家です。

答えは、西武の堤《つつみ》義明氏です。西武ライオンズオーナー（当時）と西武鉄道オーナー（当時）を務め、資産は約2・1兆円。「1989年版フォーブス世界長者番付」で1位になりました。

日本人が世界一だったのはこの年だけではありません。1995年にビル・ゲイツ氏に抜かれるまで、日本が毎年1位をキープしたのです。

あれから30年以上経った現在、世界のお金持ちの中に日本人はどのくらいいるのでしょうか。

「2023年世界長者番付100　国・地域別人数」（出典：フォーブス）によると、トップ100に入った日本人は3人だけです。1位が41人でアメリカ。中国も12人いて2位に躍進。日本は7位まで後退しました。

では、日本で一番のお金持ちは誰だと思いますか？

約30年前は日本人が一番のお金持ちだった!?

共同通信イメージズ

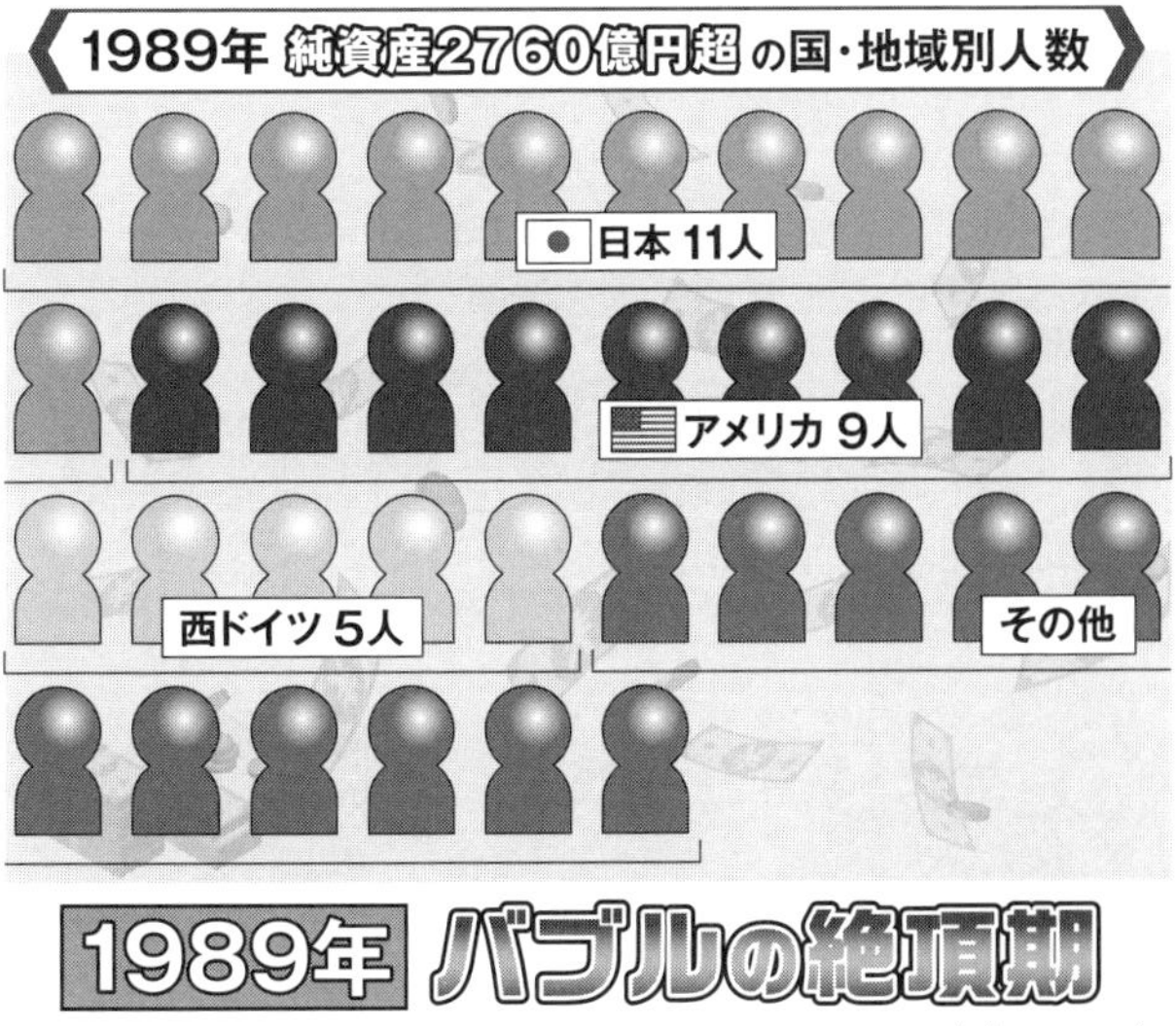

出典：フォーブス

2023年、世界の長者番付100に日本人は何人入ってる？

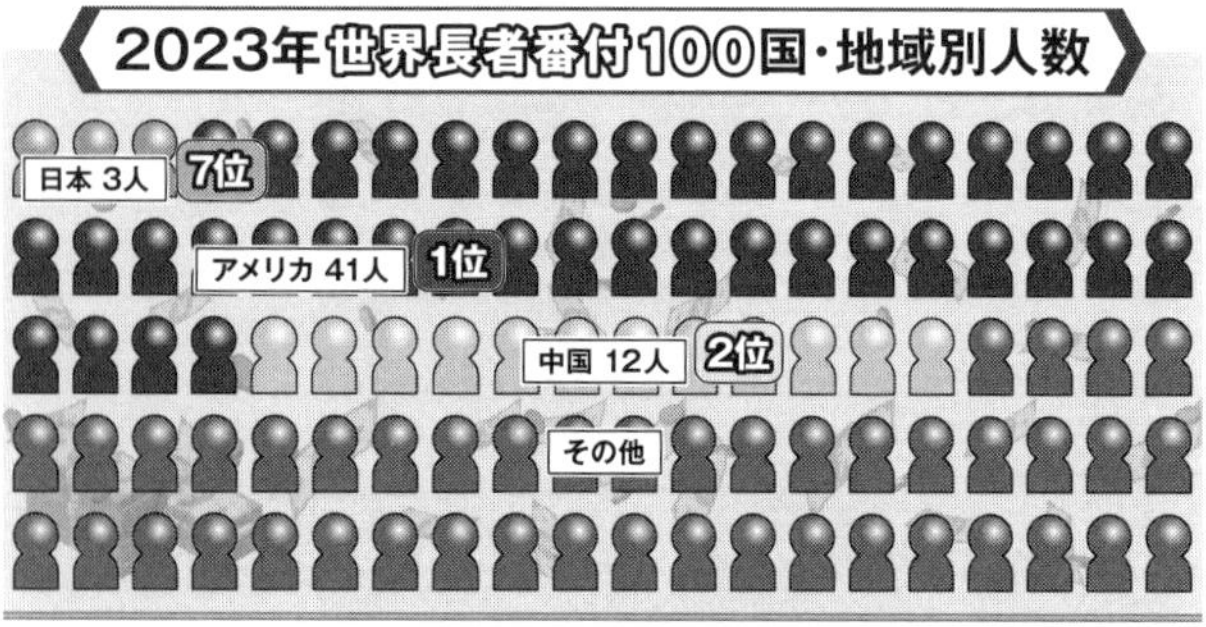

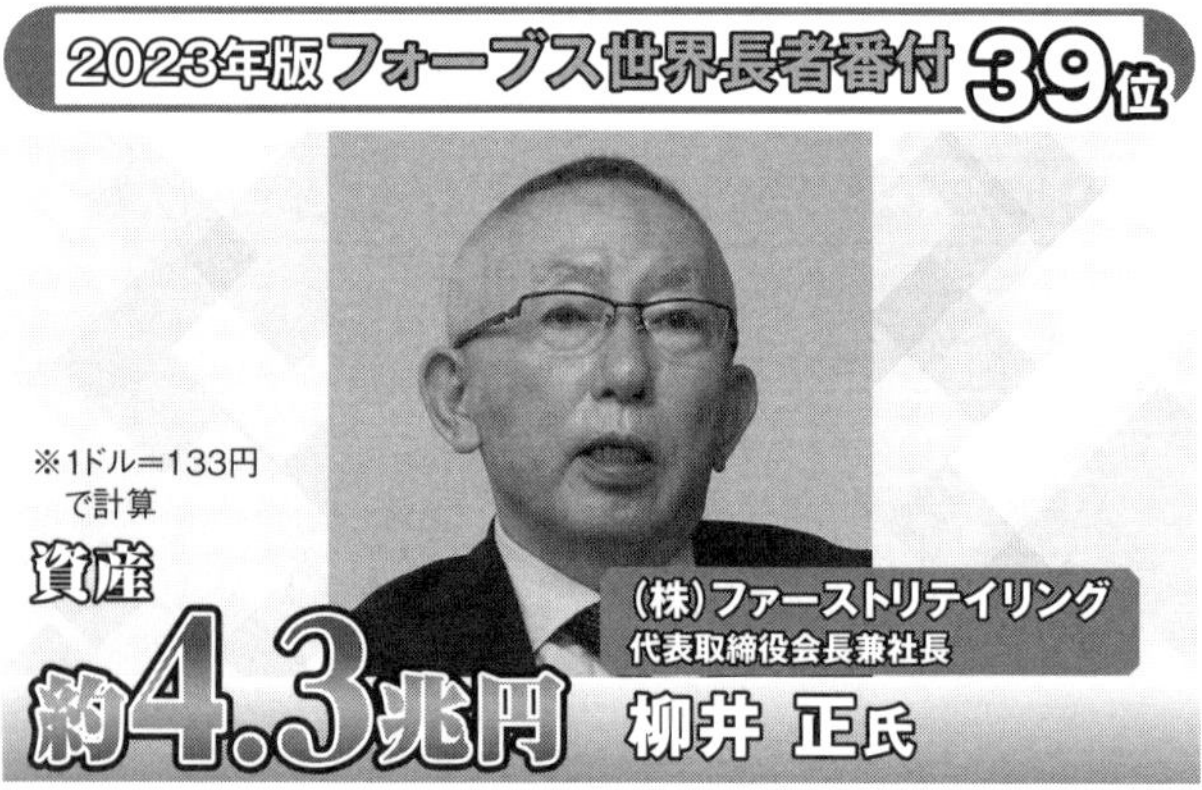

共同通信イメージズ

ソフトバンク
69位 孫 正義氏 約3.0兆円

キーエンス
77位 滝崎 武光氏 約2.8兆円

出典：フォーブス

平均年収が高い日本の会社（2023年）

1	M&Aキャピタルパートナーズ	2688万円
2	キーエンス	2182万円
3	ヒューリック	1803万円
4	地主株式会社	1694万円
5	伊藤忠商事	1579万円

出典：東洋経済オンライン

「2023年版フォーブス世界長者番付」で日本人のトップになったのは、ファーストリテイリング代表取締役会長兼社長の柳井正氏です。資産は約4・3兆円（1ドル＝133円で計算）で39位と上位50位以内に入りました。

69位がソフトバンクの孫正義氏（資産約3・0兆円）、77位がキーエンスの滝崎武光氏（資産約2・8兆円）です。

キーエンスは電子機器などを開発・販売する会社で、私たちが普通に買い物をするような商品は売っていません。しかし、日本経済を支える多くの企業にとって、キーエンスが作っている製品は非常に重要です。国内の時価総額はトップクラスなのに、世間の人にはあまり知られていませんでした。最近になってようやく注目を浴びるようになり、社員の給料も驚くほど高いということで、キーエンスを研究する本が続々と出版されています。

キーエンスは平均年収が日本で二番目に高く、不景気でも業績は好調でした。創業者の滝崎氏が日本で三番目にお金持ちなのも頷《うなず》けます。

●景気が良くならない三大要因

このように、時代が変わってもお金持ちが莫大なお金を稼いでいることに変わりはありません。ただ、昔と今を比べると、時価総額でトップ50位以内に入る日本企業はたった1社になり（2023年9月末時点）、世界トップクラスのお金持ちの人数もガクンと減りました。日本経済がかつての栄光を失い、長い間、低迷していることは明らかです。そうなった理由は、バブル崩壊で不景気になり、給料が上がらないから値上げもできないという状況がずっと続いたからです。ひと言でいえば、日本経済はデフレスパイラルに陥っていたのです。

池上流「景気が悪い3大要因」

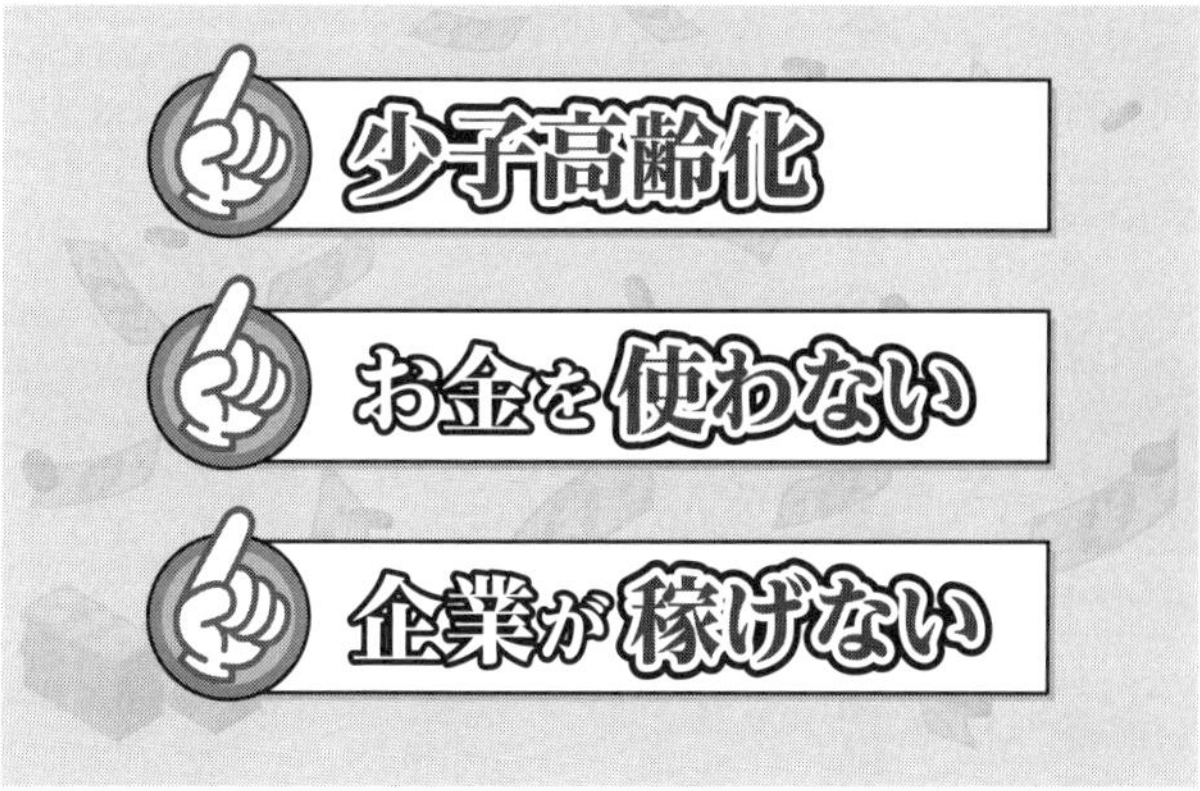

歴代の内閣は、これを何とかしようと努力してきましたが、なかなかうまくいっていません。なぜデフレスパイラルから抜け出せないのでしょうか。

これはいろいろな見解があって難しいのですが、ここではポイントを三つにまとめました。

①少子高齢化
②お金を使わない
③企業が稼げない

これが日本の景気が良くならない三大要因です。

一つ目の少子高齢化が進むと、活発に買い物をする若い人たちが少なくなり、逆に年を取った人が増えて消費が落ち込んでしまいます。年を取った人は、将来が不安だからお金を使わずに貯め込む傾向があり、それ自体は自然な行動ですが、そういう人が増えれば全体としての景気に影響を与えるわけです。

将来が不安なのは企業も同じで、二つ目の理由「お金を使わない」は企業にも当てはまることです。日本はずっと不景気だといわれていますが、実は企業は結構お金を持っていて、専門用語でこれを「内部留保」と呼んでいます。

この内部留保の金額は、なんと550兆円以上（出典：財務省）。企業はものすごい額のお金を持っているのに、将来が不安で使わない。お金があっても貯め込んでしまう。だから景気が良くならないのです。

◉日本企業が貯め込んだ内部留保は巨額

企業が内部留保を貯め込むのを禁止できないかという議論もあります。でも、日本は資本主義の国であり、企業は自由な経済活動ができるというのが大原則です。

この原則を崩して企業に規制をかけようとしても、企業が強く反発するので実現は

アメリカは内部留保に課税することで、企業に積極的にお金を使わせる

なかなか難しい。ただし、国によっては内部留保に課税する、あるいは一定レベル以上、内部留保を貯め込んではいけないなど、そういうやり方をしている国もあります。

たとえばアメリカがそうです。貯め込んでばかりいると税金を取られてしまうので、企業は新しい仕事を始めたり、株主に還元したりという形で、積極的にお金を使うようになります。そういう制度ができたのは、アメリカの場合、社員を簡単に解雇できるという事情が関係しています。一方、日本はそれができません。日本では社員を簡単にはクビにできないため、「雇用を守る代わりに給料が上がらないのは我慢してほしい」と言う経営者が大勢います。

社員たちを雇い続けていくには、不測の事態が起きても困らないように十分なお金を貯め込んでいないと不安だ。いざという時のために多めに貯めておこう。どうしてもそういう考え方になります。

新型コロナが蔓延した最近の2年間、外出制限や「三密」(密閉、密集、密接)の回避などで多くの企業の売り上げが急激に落ちました。この時、倒産しないで済んだ企業は、内部留保があったからです。貯め込んだ内部留保を吐き出して、そのおかげで

企業がお金を貯め込むのは、社員の雇用を守るため

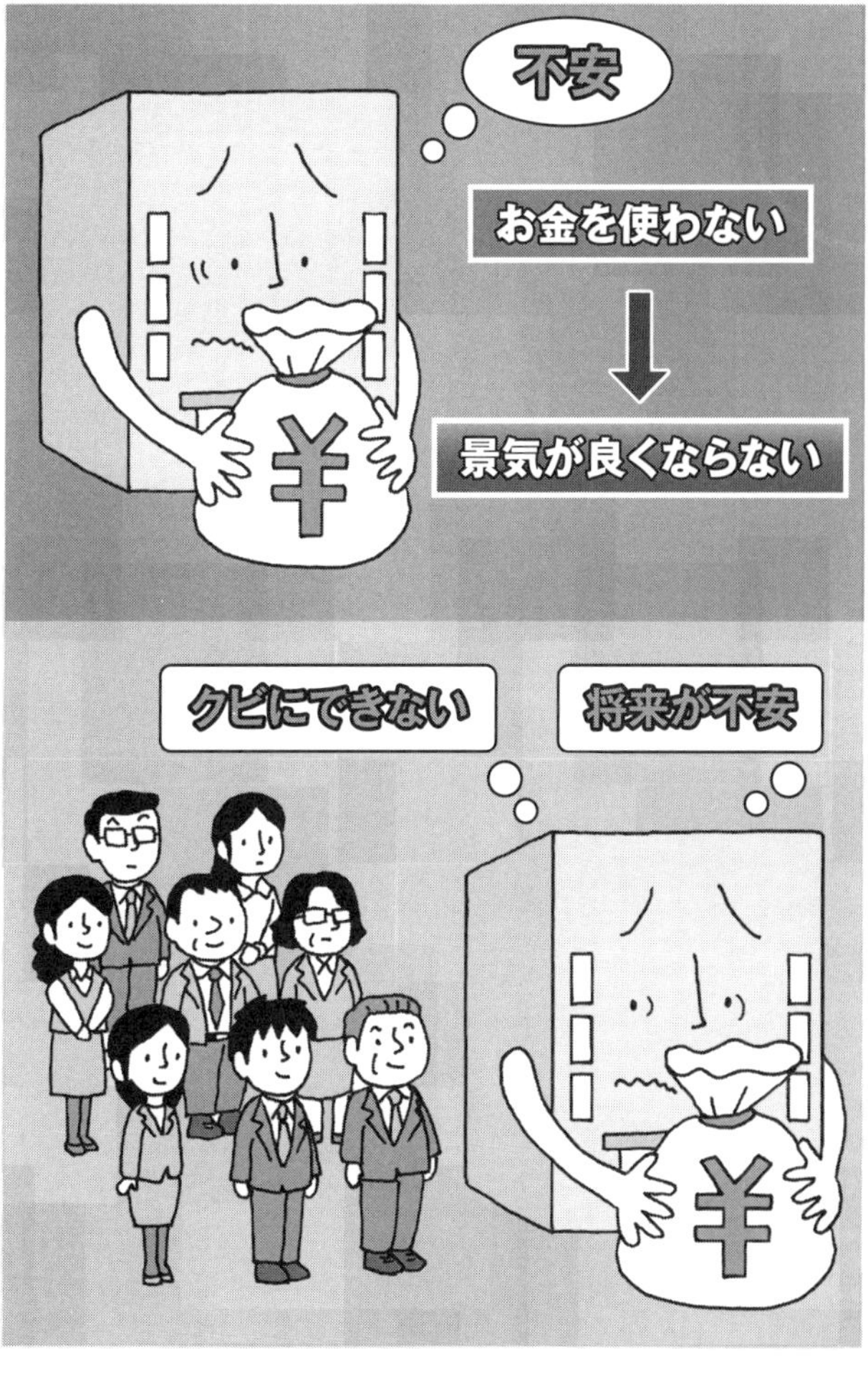

助かった会社がたくさんあります。こうしたコロナ禍での実体験から、「十分な内部留保が必要だ」という声もまた根強くあるわけです。

これは企業側の見方ですが、労働者側からは、社員の雇用を守ると言いながら、正社員を減らして契約社員、派遣社員にどんどん置き換えているではないか、という批判の声が上がっています。企業の業績が悪化したとき、最初に契約打ち切りになる可能性が高いのが契約社員や派遣社員です。事実上のクビですね。そうであるならば、内部留保を貯め込む必要はないはずです。

そこで政府は、内部留保を減らしてその分、社員の給料を上げた場合は、その会社にかける税金を減らして優遇する施策を行い、内部留保を貯め込まないよう誘導しています。日本でできるのはその程度で、内部留保を貯め込んだらペナルティーを科すような仕組みはまだないのが現状です。

◉経済が発展しないのは、日本人が意地悪だから!?

日本の景気が良くならない三大要因の三つ目は、企業が稼げなくなったこと。第1

章で述べたように、１９８９年の世界の企業の時価総額ランキングトップ50の中に日本企業は30社以上がランクインしていました。ところが、バブル崩壊後は減り続け、ゼロになってしまった時期もあります。現在（２０２３年９月末時点）では、トヨタの１社だけが50位以内にランクインしています。

企業が世界で戦う力を評価した国際競争力ランキングでは、約30年前は１位だったのに、２０２２年は34位まで低下。一体どうして日本は稼げなくなったのでしょうか。

最近、原因としてこういうことがあるのではないかとユニークな見方を提示した人がいます。

「経済が発展しないのは、日本人が意地悪だから⁉」

経済評論家の加谷珪一氏によると、日本企業が思うように稼げなくて、長年経済が低迷している原因は、日本人のメンタルと関係があるそうです。根拠として挙げているのが次のような研究・調査です。

アメリカ、日本、中国など国別に集団になってお金儲けゲームをやりました。参加者はお金を儲けるために協力してもいいし、しなくてもいいということでやったとこ

国際競争力ランキング

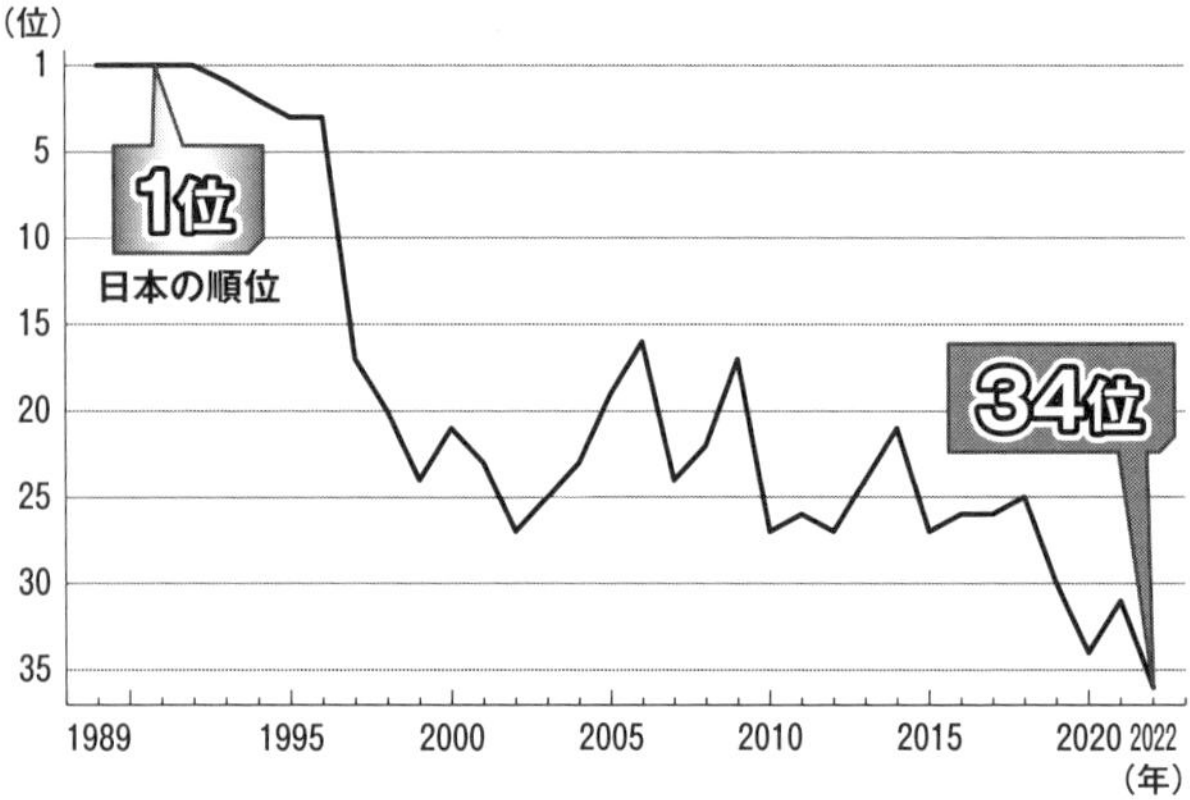

出典：IMD

ろ、日本人は他人の足を引っ張る人がかなりいたというのです。とにかく相手に儲けさせるのは嫌だから、自分が損をしたとしても相手の足を引っ張る人が多かったということです。

これが経済の低迷にどう関係するかというと、加谷氏は次のように指摘しています。

日本では、新しいことをやるとすぐにバッシングが始まります。「なんでそんなこと始めるんだ」というバッシングや誹《ひ》謗《ぼう》中傷があって、「新しいことをやる！」となかなか宣言ができない。新しいことをしないでおけばバッシングを受

国別お金儲けゲームでの日本人の特徴

日本経済が低迷している理由とは？

経済が発展しないのは
日本人が意地悪だから!?
国民の底意地の悪さが、日本経済低迷の元凶
加谷珪一
加谷珪一
「国民の底意地の悪さが、
日本経済低迷の元凶」
（幻冬舎新書、2022年）

けることもないので、みんな新しいことに挑戦したがらない、というわけです。

また、成功すると妬《ねた》まれて、「あいつ、あんなに金儲けしやがって」という目で見られるため、「儲けました」と言わないし、言えない。あるいは、「こうやって成功しました」と言うと妬まれるので、黙っている。結果的に、成功した人の成功体験が広がっていかない。みんなの共有財産にならないというのです。

日本社会には成功者が非難される空気があり、新しい挑戦を支えたり、みんなで「頑張れ！」と応援したりする文化が育っていないように見えます。だから日本の経済は発展できないのではないか。こういうふうに加谷珪一氏は分析しています。
（以上の出典：加谷珪一著『国民の底意地の悪さが、日本経済低迷の元凶』幻冬舎、22年）

●日本人の真面目さが裏目に出ている？

これと関連して、ゲームが大好きなタレントの伊集院光氏が面白いことを言っていました。最近、グローバルに広がっているテレビゲームの世界で、日本語版を敬遠する動きが出ているそうです。

ゲームソフトは英語版や中国語版が出て、もちろん日本語版も出ます。日本はゲームをする人が多いので、もともと日本語版は非常に重要視されていましたが、日本のユーザーは真面目で、なおかつ日本はサービスが良すぎて過剰なため、海外製ゲームソフトの日本語版が出ると、日本人は悪いところを指摘したレビューを出すといいます。「ここをもっとこうしてほしい」とか「ここが行き届いていない」とか、マイナス面の指摘が多いのですね。

アメリカのゲーム愛好家は逆で、「ここが面白い、あそこがすごい」といいところを

商品レビュー、日本とアメリカの違い

たくさんレビューしてくれます。そうすると、日本語版を出すと評判が落ちる、もしくは評価が厳しくなるため、「日本語版は後回しにしよう」「日本語版を出すのをやめよう」と考えるゲーム会社が増えているそうです。

日本人は善意で「こうしたらもっと面白くなるよ」と言っているだけですが、その真面目さが裏目に出ているんじゃないかという意見でした。第1章で触れた、家電製品の過剰品質が日本製の競争力低下を招いたこととつながる話で、日本経済の低迷と関係があるのかもしれません。

第4章

日本が好景気になると、どう変わる?

——モノの値段が高くても売れる!?

◉好景気になると生活はどう変わるの？

このところ円安が進んだり物価の上昇が激しくなったりと、あまりいい話がありません。それ以上に問題なのは、日本は過去30年、ずっと不景気が続いていることです。私たちは不景気にすっかり慣れてしまい、これを何とかしようという意欲が薄れているようにも見えます。

そこで逆の視点に立って、そもそも好景気とはどんな状態なのかということを見ていこうと思います。好景気について知れば、景気とは何かもわかってくるはずです。ずっと景気が悪いことについて、街の人はどう思っているのか聞いてみました。

女性（20代） 生まれてからもうずっと不景気のような感じだったと思うので、あまり好景気のイメージはないかもしれないですね。

男性（30代）（好景気の話は）直接は聞いたことないですね。

男性（50代） 30年前はまだ学生だったから、ほとんど（好景気の）実感はなかったですね。

意外なことに、好景気の実感がない人は、若い世代だけでなく50代にまで及んでいました。

◉食べ放題や回転寿司が少ない！

では、好景気になると、生活はどう変わるのでしょうか。

たとえば、お子さんのいる家庭では、不景気の今、こんな会話が交わされているかもしれません。

父　よし、今日は外食にしよう。

娘　お父さん、そんな余裕あるの？

父　いい質問ですね！　ボーナスが出たから何でもいいぞ。

息子　じゃあ焼肉食べ放題がいい。

不景気の街並みでは、格安店が多く並ぶ

父　食べ放題か。いいね。

　このやり取りが、好景気だとどう変わると思いますか？　今は街を歩いていると食べ放題の店を結構見かけます。でも、好景気だと食べ放題はあまり見かけません。

　好景気だった時代（1980年代中頃〜90年代前半）を知っている人に聞いてみました。

男性（80代）　食べ放題なんてないよ。

男性（50代）　食べ放題という概念はなかった、当時はね。みんな当時は稼いで

たから。
女性（50代）安い焼肉の食べ放題とかは行かなかった。
女性（50代）高い焼肉屋に行ってた。
男性（70代）回転寿司は、あまりなかったですね。

このように、周りに大衆的な食べ放題の店はそれほどなく、お寿司といえばカウンターに座って職人に握ってもらう店が主流でした。

●安売りが少ない！

今と比べて好景気の時にあまり見かけなかったものは、他にもたくさんあります。安売りやセールもそうですね。

男性（50代）値引き交渉はなし！（値段は）全く気にしないよね。
女性（60代）今みたいに洋服でも食べ物でも、安いものってなかったですよね。それなりの金額を出してものを食べるみたいな。

当時はディスカウントショップも100円ショップもほとんどありませんでした。そういう時代だったと言えばそれまでですが、安売りがあまりない。それが好景気の特徴です。

逆に、今は景気が悪くなったから安売りをしないと売れないわけです。安売りが増えるということは景気が悪くなった証拠で、以前は別に安売りしなくても売れたのです。

●給料が毎年上がり、ボーナスもたっぷり

好景気だと安売りしなくても売れるのには、ちゃんと理由があります。

男性（60代） その頃は毎年、（月給）1万円とか2万円とかベースアップがあった。

（当時営業職）

男性（50代）（給料が）年で100万円ぐらい上がりましたね。（当時不動産業）

このように、給料が少しずつでも毎年上がっていました。よく「財布の紐《ひも》がゆるむ」という言い方をしますが、所得が年々増えていくので無理に安く買う必要がありません。

それどころか、好景気になるとお金の使い方がガラリと変わります。人々はレジャーに惜しみなくお金を投じるようになりました。

観光地は人であふれ、イベントは大盛り上がり。スキー場はリフトが2時間待ちというところもありました。

連休になれば、みんな当然のように海外旅行に出かけます。ところが、大人気のハワイのビーチは人でごった返し、しかも日本人だらけ。困惑した人も多かったと思われます。

クリスマスなどイベントの時は1年前からホテルを予約して、中には1泊30万円という部屋もあったそうです。お客のほとんどが20代から30代だったとか。当時のインタビュー映像には、こんなやり取りが記録されていました。

――クリスマスのプレゼントはどんなものを？

男性　彼女からソアラの車を買ってもらいました。

ソアラは当時のトヨタの人気の高級車。人気の車をプレゼントするというところが、バブル時代を象徴しているようで面白いですね。ちなみに、この男性が女性に何をプレゼントしたかはわかりません。

若者もそれなりにお金を持っているか

好景気のスキー場は、人がごった返していた

らイベントが盛り上がる。それが好景気です。でも、いくら好景気でも若い時はまだ月給は少ないはず。なぜそんなにお金が使えたのでしょうか？

これも街の人に聞きました。

――ボーナスは何カ月分ぐらいいただいていました？

男性（60代）　５カ月前後。（当時建築業）

男性（70代）　３００万から４００万円の間だった。（当時証券取引業）

たっぷりボーナスが出たおかげで生活に余裕があったのです。

◉好景気だと、街の景色が変わる

不景気の時は建設工事はあってもちらほらですが、好景気では建設ラッシュになり、街の景色が大きく変わります。

いつも通る道の途中で、一軒家だったところが更地《さらち》になり、気が付いたらビルが建

1989年の建築ラッシュ

共同通信イメージズ

っていて驚いたという経験はありませんか。一つの区画が丸ごと更地になり、そこに大きなマンションが建つこともあります。好景気の時はそういった工事があちこちで行われ、短期間で街の風景が一変してしまうことさえあります。

1989年に撮影された上の写真を見てください。1枚の写真に、こんなにもたくさん工事現場が写り込んでいます。

男性（70代） その頃はもう住宅ラッシュですごかったですよ。建築ラッシュで。（自営業）

男性（70代） やたらタワークレーンが

立ってましたね。（当時建築業）

男性（70代）　とにかく人（働き手）が集まらないというのがあった。あの頃、職人さんは現金で集めているという時代だったんですよ。（当時建築業）

お金があるから高層ビルやマンションが次々に建設され、巨大な東京都庁やレインボーブリッジができたのも好景気の頃でした。工事現場で働く人は不足しがちで、人を集めるため日当（日雇い）は2万5千円、大工職人は1日10万円という現場もあったそうです。

●働きたい会社や職業が選び放題に!?

バブル崩壊後、特に不景気が深刻だった時期は、就職氷河期と呼ばれました。不景気の時は企業が新卒採用を減らすため、高校や大学などを卒業しても正社員として就職できない若者が増え、失業率も高くなります。

就職氷河期の不採用メール

今回はご期待に添えない結果となりました。ご活躍をお祈り申し上げます。
お祈り＝不採用

女性　またお祈りか。

母親　何？　お祈りって。

女性　面接を受けた企業からのメールに、「これからのご活躍をお祈り申し上げます」って書いてあるでしょう。要するに落ちたっていうこと。

お祈りとは不採用のこと。不景気だと企業への就職をあきらめて、公務員を目指す人が増えるといわれています。公務員は試験と面接で合否が決まり、景気が良くても悪くても募集人数は毎年それほど変わらないからです。

ところが、好景気になると状況は一変

します。
企業はお金があるから大勢の人を雇おうと考えます。募集人数が増え、仕事選びも大きく変わるのです。

男性（50代）　4社は（内定を）もらえました。申し込んだら即内定みたいな。

中には、就職説明会に行っただけで交通費3万円支給という気前のいい企業もありました。それどころか、説明会で音楽ライブやクイズ大会をやるところもあれば、就活生が集団で楽しく交流するという趣旨のよくわからない説明会もあったのです。

男性　半分遊びみたいな感じで、軽いノリで来ました。

――（クイズ大会で）クイズの賞品は？

女性　グアムの旅行券（500ドル）が当たっちゃって。

男性（50代）　各企業さんが旅行に連れて行ってくれたりとか、ハワイへというものも

バブル景気の頃は、企業がおもてなし!?

旅行後 内定式へ
○○社
内定式前に逃げられないよう 旅行へ

ありました。それからディズニーランドとか、もしくは温泉で1泊とか。（当時流通業）

バブル景気の頃は、企業が就活生をおもてなしする雰囲気がありました。内定式の直前に旅行に連れて行く企業もあり、これは就活生に逃げられないようにする狙いがあったようです。アルバイトだけでも生活できるので、フリーターという生き方を選択する人も出てきます。

人手不足で仕事に就きやすい。それが好景気の特徴です。

◉経済の先行きを見る「日銀短観」「DI」とは？

ところで、不景気とか好景気とか言いますが、そもそも景気は誰がどうやって判断しているのでしょうか？

景気については、とてもわかりやすい指標があります。「日銀短観」と呼ばれるもので、日本銀行が行っている「企業短期経済観測調査」です。略して「短観」ともいい、世界の投資家たちにはローマ字のＴＡＮＫＡＮだけで通用します。

どういう調査かというと、日本銀行がやっているアンケート調査です。約１万社の企業の経営者に景気の良し悪しについて聞き、日銀はその結果を集計して公表しています。この「日銀短観」をもとに発表されるのが「業況判断指数（ＤＩ）」です。言葉だけ見ると難しそうに感じますが、計算は簡単です。鉄鋼、自動車、宿泊・飲食サービスなど業種ごとに景気を聞いて、「良い」と答えた企業の割合が30パーセント、「悪い」と答えた企業の割合が20パーセントだった場合、「良い」から「悪い」を引いて10。これがＤＩです。

日銀短観とは？

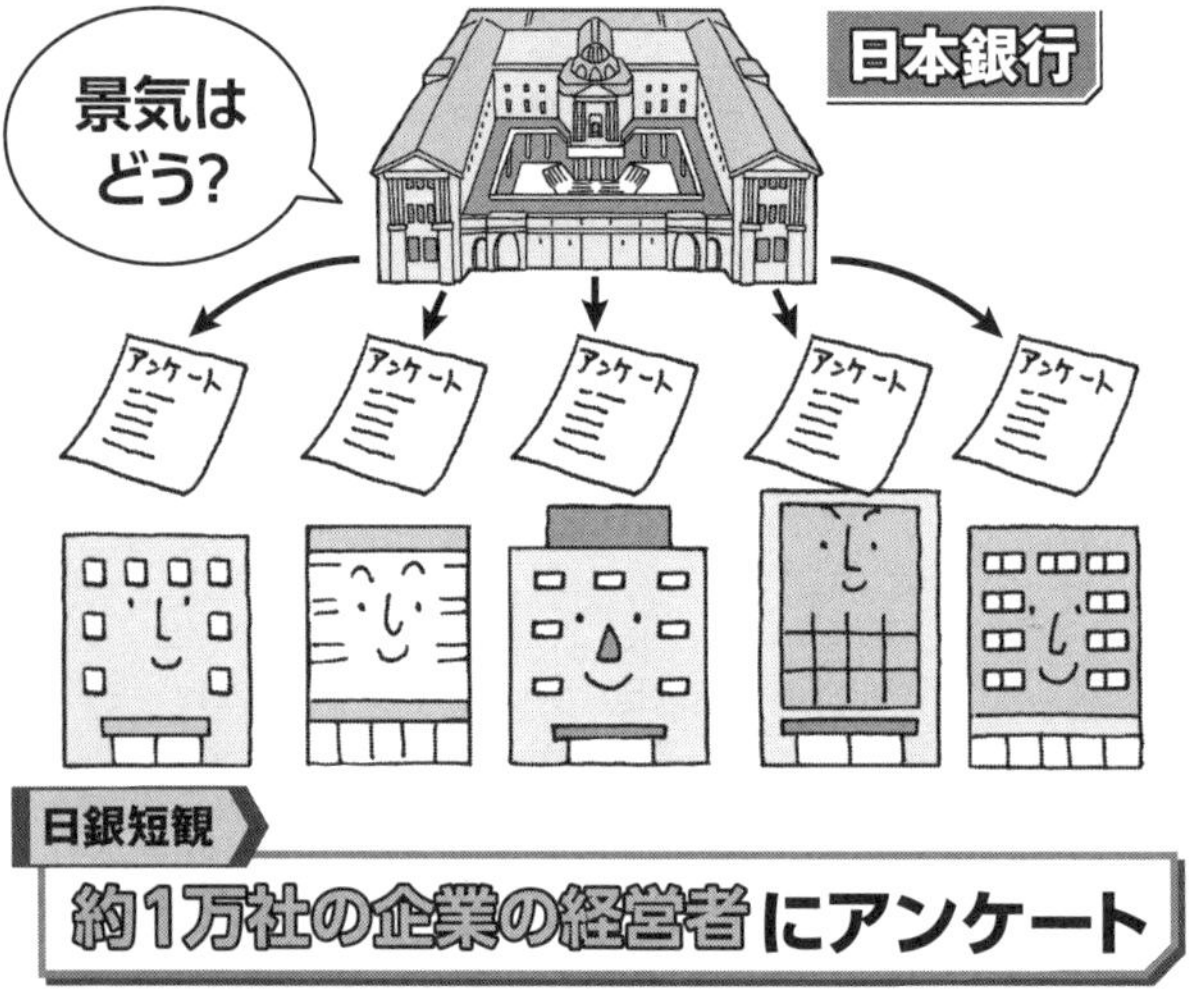

日銀短観

企業短期経済観測調査

日本銀行が企業の景気を探るため
3カ月ごとに行うアンケート

業況判断指数が10なら「景気が良い」が「悪い」を上回っています。ということは、景気がいいと思っている人の方が、悪いと思っている人よりも少し多いわけです。これが逆にマイナスになると、「みんな景気が悪いと思っているんだな」ということで、ＤＩは景気の目安になるのです。

景気が良かった１９８８年８月のＤＩ（食料品）は19。一方、２０２３年３月はマイナス11。これだけでも景気の良し悪しがわかります。

業況判断指数は、あくまで企業の経営者が景気をどう見ているかを示すものです。でも、経営者にしてみれば、これから景気が良くなるんだと思えば、「人を採用しよう」「工場を増設しよう」と事業拡大に向けた行動を取りやすくなります。すると、景気はもっと良くなっていくはずです。

反対に、景気が悪くなると思えば、「人を増やすのはやめよう」「しばらくお金を使わないでおこう」と経営は守りの姿勢になり、景気もさらに悪化してしまいます。

よく言われるように、「景気」の気は「気分」の気。みんながこれから景気が良くなると思えば本当に景気は良くなるし、景気が悪くなりそうだと思うと、景気がどんど

業況判断指数D.I.の計算の仕方

出典：日本銀行

ん落ち込んでいく。
経営者をはじめ多くの人の気分を前向きに転換できるかどうかが、意外に重要だということです。

◉好景気だと、企業の商品や宣伝が変わる

好景気だと今までなかったような斬新《ざんしん》な商品が発売され、企業の宣伝も変わります。
次はテレビCMを見ている最近の親子の会話です。

CM　パッケージが変わって新発売！
母親　最近この子よく見るわね。
息子　好感度が高くて、ギャラも手頃だからなんじゃない？

今はパッケージのリニューアルやカロリーオフというだけで新商品といわれますが、好景気になるとどう変わると思いますか。

バブル真っ盛りの1989年に話題になったのは、ビデオカメラがパスポートサイズになったというテレビCMです。元々は大型でデコボコしていたビデオカメラも、技術開発で出っ張りをなくしてコンパクトにしたことで大ヒットしました。同じ年、持ち運びできる世界初のノートパソコンが発売され、1987年には携帯電話の初号機が発売されています。好景気の頃は、このように日本製の新商品が続々と登場しました。

当時珍しかった食物繊維をとれるドリンクが開発されたのは1988年です。これは今も続くロングセラーとなっています。開発にお金をかけられるから画期的な商品ができる。それが好景気なのです。

さらに、企業が広告・宣伝費をふんだんに使えるのも好景気ならではの特徴です。バブルの頃は、ニューヨークのタイムズスクエアに日本企業の広告看板がたくさん並びました。雑誌では、創刊号の広告収入が1億円という女性誌があったほか、広告が集まりすぎてその広告を掲載するために新たに雑誌を作った出版社もありました。

以上の流れを整理すると、

好景気の企業の好循環

新発売
チョコ
パッケージリニューアルで新発売！
当時珍しい
パスポートサイズ
のビデオカメラ
JAPAN
開発
新商品

①好景気になって企業が開発費に多額の資金を投入
②斬新な新商品が誕生
③思い切った広告・宣伝を展開して大儲け
④儲けたお金で開発費に多額の資金を投入

このような好循環が生まれるのです。

●会社の経費が変わる

会社勤めの人はよく経験していると思いますが、不景気の時は経費のチェックが厳しくなります。

男性　すみません。経費の精算お願いします。
経理　これはダメですね。日中のタクシー移動は落ちません。
男性　急ぎだったんですけど。
経理　宇賀さんとの会食が5万円!?　これも認められません！

不景気だと、経費のチェックが厳しい

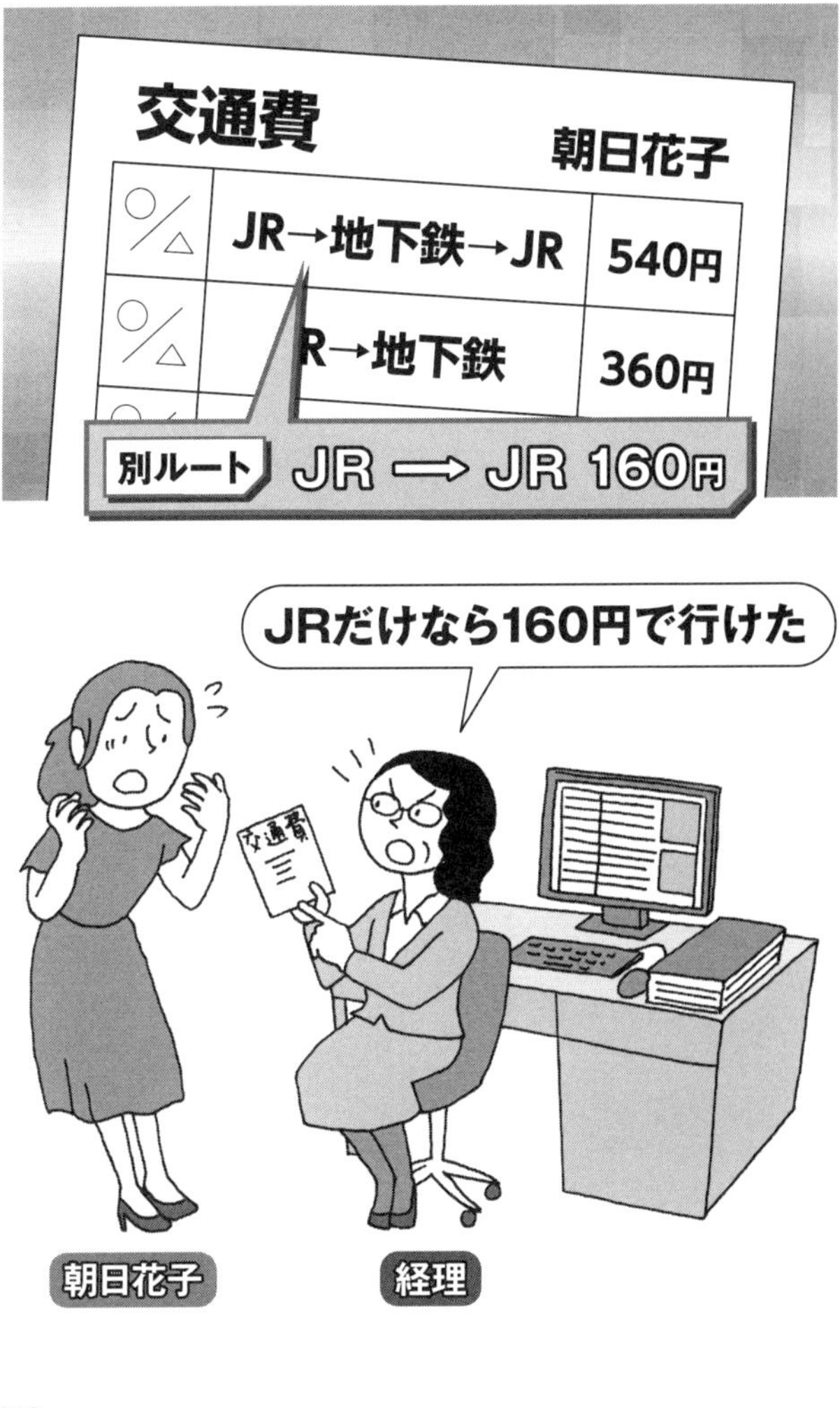

男性　だってあの人、すごく飲むんですよ。
経理（クビを横に振る）

　ある女性タレントさんは、事務所が経費に目を光らせていて、ＪＲと地下鉄を乗り継いで５４０円になったと申告しても、ＪＲだけ利用する別ルートを使えば１６０円で済む場合、「ＪＲで行けたんじゃないの？」と指摘されると話してくれました。なかなか厳しいですね。
　好景気では経理のチェックも甘くなり、タクシーを使っても経費として認められたので乗る人が大勢いました。街の人に当時の様子を聞いてみましょう。

男性（70代）　夜10時過ぎたら会社の前にタクシーの待ち行列ができてる。そろそろ出てくるだろうって。（当時金融業）
男性（50代）　雨が降って傘代わりにタクシーを使うとか。短い距離でね。（当時流通業）

中にはこんな体験を語る人もいて、好景気を知らない若い世代には信じられないかもしれません。

男性（70代）　タクシー料金とは別に「1万円あげます」って言うと停まった。1000円札ではなかなか停まってくれない。（当時金融業）

男性（50代）　（タクシーを）つかまえられなくて、先輩がこういうふうにやっていて（3本指で合図）、「何ですか、それ」って聞いたら、「3割増しで乗るぞ」というサインなんだと言って。確かにすぐ停まってましたね。（当時不動産業）

さらに、こんなことも会社の経費になりました。

男性（60代）　毎日、たとえば銀座へ行って、クラブみたいなところで飲んでいた。（当時会計士）

好景気では、税金対策でたくさん経費を使う

忘年会　高級レストランを数日貸切

飲食　招待　会社の経費

男性（60代）　ドンペリが当時、グラス１杯で確か10万円ぐらいしたと思います。一晩で50万円ぐらいはやっぱり使いますよね。（当時建設業）

男性（60代）　接待費としてはよく使ってましたよ。それ以上は聞かないでください。（当時スポーツ関連業）

海外職場旅行を企画する会社も多く、忘年会は高級レストランを数日貸切で行い、誰を呼んでもＯＫ、全部会社持ちというところもあったほどです。

どう考えても無駄遣いのような気がしますが、なぜそんなに経費を使うのかわかりますか？

企業はたくさん儲けるとたくさん税金を納めます。ところが、経費を使えば、その分税金が安くなります。つまり、好景気で儲けている企業ほど税金対策でたくさん経費を使っていたのです。

好景気では、高い不動産でも売れた

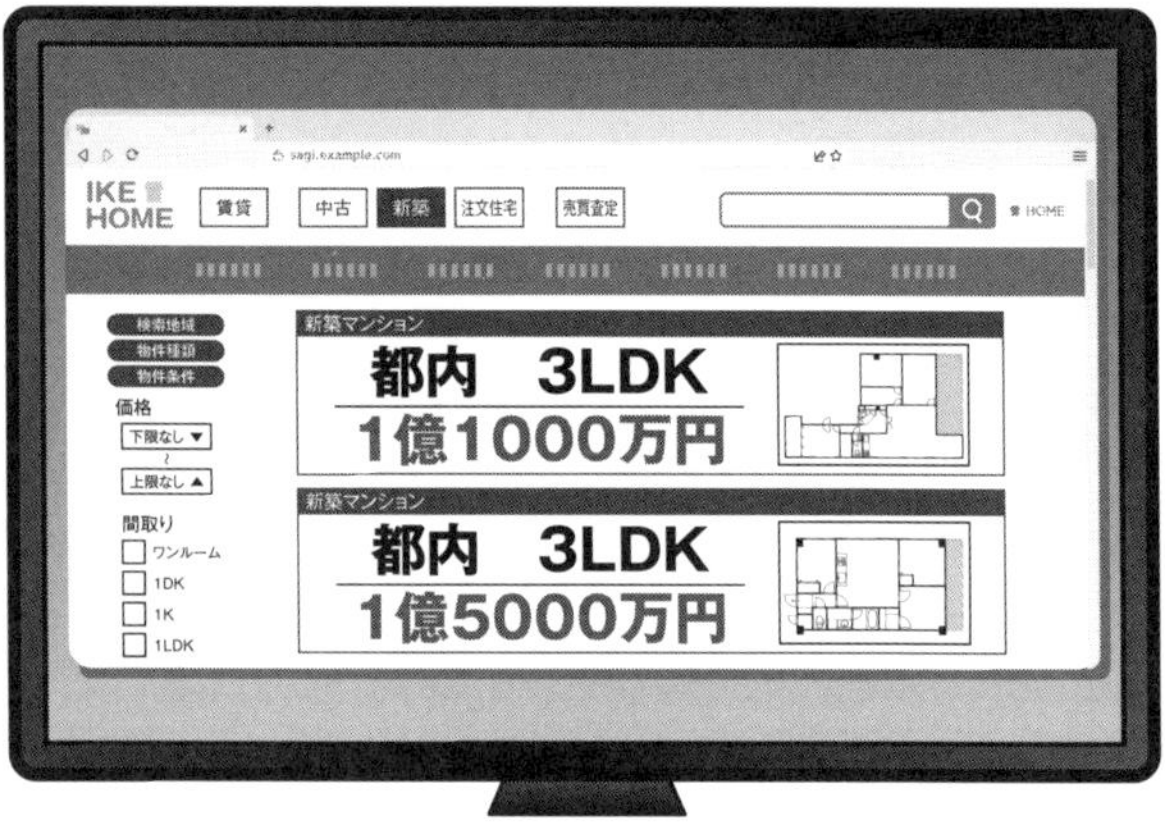

●不動産が高くなっても買える！

好景気だと家の価値が変わります。とある家庭の夫婦の会話を見てみましょう。

夫　そろそろ家を買いたいと思うんだけど、どう？

妻　そうね。有名女優のところみたいな大きな家に住んでみたい。

夫　そんな大豪邸、買えるわけないだろ。手頃な家は1億円以上か。こりゃ無理だな。

不動産は高いといいますが、好景気の頃はもっと高い買い物でした。

男性（60代） 神奈川県たまプラーザの、田園都市線のね、公団（日本住宅公団。現都市再生機構）のマンションでも中古で、当時は1億を超えましたから。公団の中古ですよ。（当時建設業）

男性（80代） 買いましたよ。世田谷区で2億6千万円。（当時商社）

それでも多くの人が買っていました。家の値段が上がっても買えてしまう。それが好景気だということです。

●好景気で変わる国のお金の使い方

景気がいいか悪いかによって国のお金の使い方も変わってきます。国の予算といえば、150～151ページのような円グラフをニュースで見ませんか。

歳入（2023年度 予算）

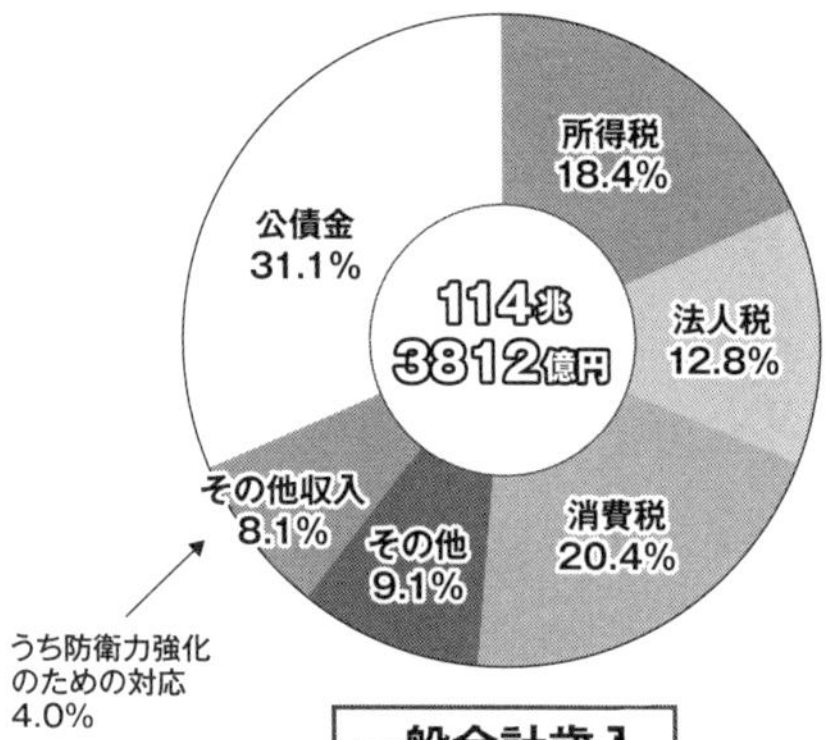

一般会計歳入

出典：財務省

妻　消費税が一番多いのね。公債金って借金のことだっけ。

夫　そうそう。借金で足りない分を補ってるんだよ。

２０２３年度当初予算の国の歳入の割合は、上のグラフで示されています。公債金の割合が一番高く、31・1パーセントです。

一方、好景気の時の予算（１９８８年度決算）を見ると、割合が低いものがありますね。公債金の割合は11・1パーセントでかなり低い。みんな儲かっているから納める税金が多く、国の借金を減ら

歳入（1988年度 決算）

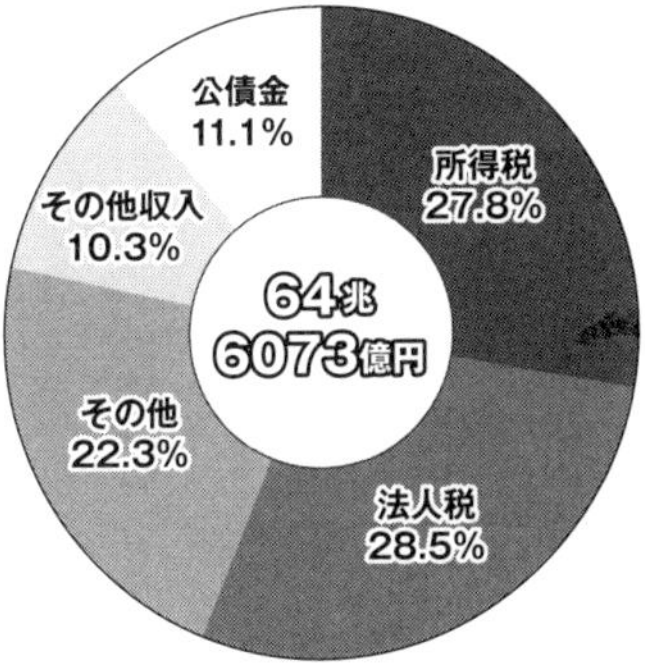

歳入（1988年度 決算）

出典：財務省

せるのです。

ちなみに、好景気だった１９８８年にはなかった税金があります。

消費税ですね。

次は、消費税に関する１９８９年の街頭インタビューです。

男性　買う時に、余分なモノが付いちゃって、どうもだまされてるようで……。

男性　１円玉を持ってると重くなっちゃうんじゃないですかね。あまり持ちたくはないですね。

――ボクも嫌？　なんで？

男児　おこづかいが減る。

物品税って、どんなもの？

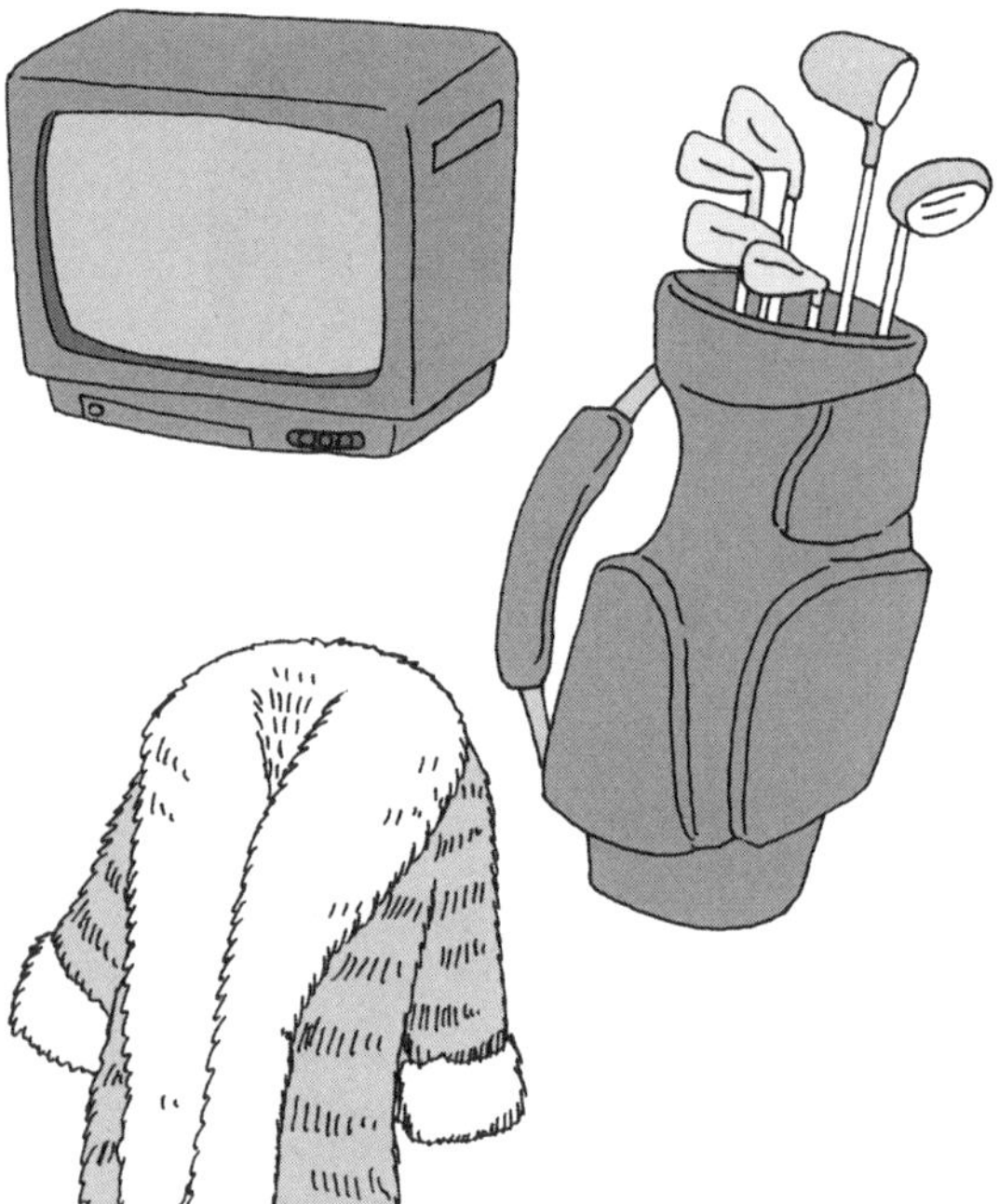

1988年度	物品税	約2兆　431億円
1989年度	消費税	約3兆3000億円

出典：財務省

日本で初めて消費税が導入されたのは1989年4月1日。それまではなかったのですが、代わりに物品税、通称贅沢《ぜいたく》税というものがありました。テレビ、毛皮、ゴルフ用品など、いわゆる生活必需品ではない贅沢なものに5～30パーセントの税金をかけるというものです。ですから、消費税が始まる前でも税収は結構あったのです。

●好景気だと全国の自治体にも余裕が⁉

好景気になれば税収が増えます。そこで国は、全国の市町村に自由に使っていいお金を気前よくプレゼントしました。これが1988年から89年にかけて行われた「ふるさと創生事業」です。

各市町村に配布されたお金は1億円ずつ。その使い道は自治体によってさまざまです。

青森県黒石《くろいし》市は金のこけし、岐阜県墨俣町《すのまたちょう》（現大垣市）は金のシャチホコを作りました。本物そっくりな自由の女神像を作ったのが青森県百石町《ももいしまち》（現おいらせ町）です。

ふるさと創生事業（1988年〜1989年）

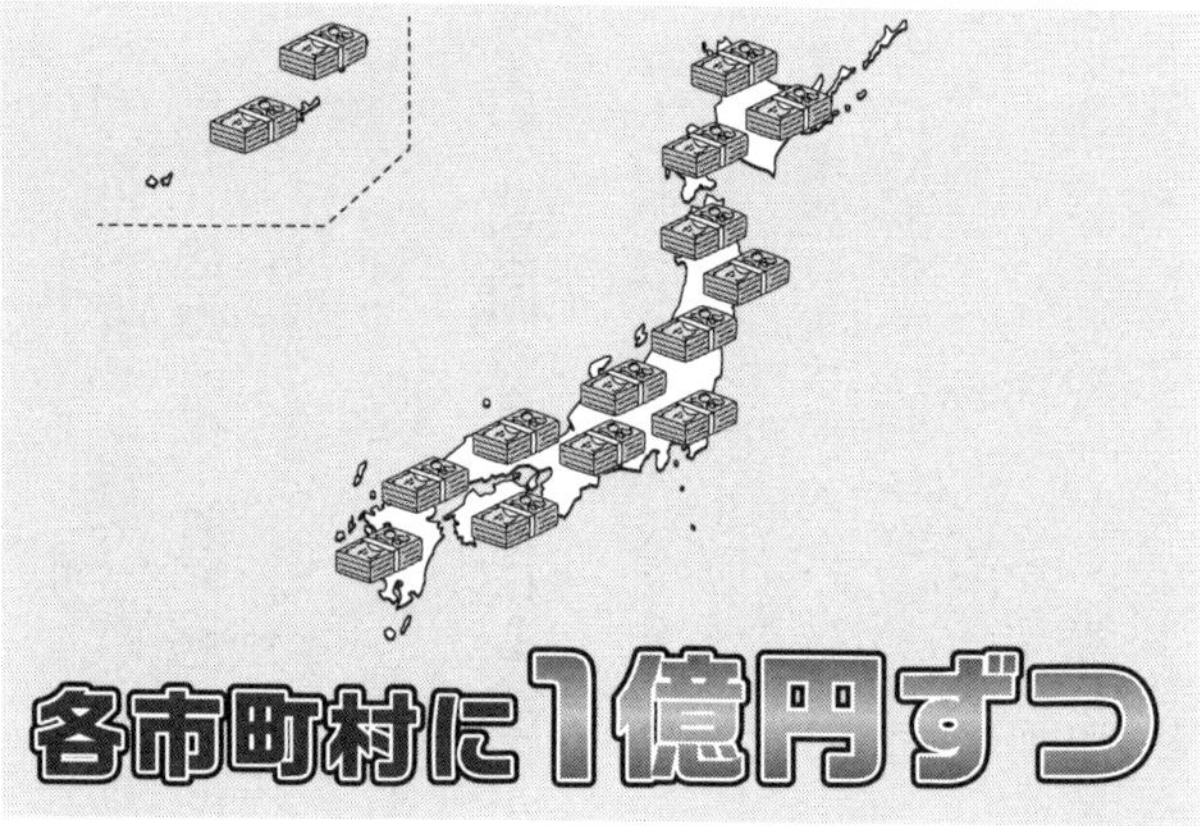

青森県木《き》造町《づくりまち》（現つがる市）のように、地元の縄文遺跡にちなんで高さ17メートルの土偶を作ったところもあります。

山梨県丹波山村は日本一長いローラーすべり台を作ったものの、その記録は3日で抜かれてしまいました。

こういうお金の使い方でいいのかということについては、人によって意見が分かれるところです。いきなりポンと1億円を渡されて、どうしていいかわからない自治体もあったようです。

この時は、あちこちの自治体が「温泉を掘り当てよう」と言って、全国各地で温泉の掘削《くっさく》を始めたのです。受け取った

配布された１億円の使い道

写真：アマナイメージズ／共同通信イメージズ

写真：岐阜新聞／共同通信イメージズ

1億円で温泉が見つかった自治体は良かったのですが、全額使い切っても温泉が出なかったところは悲惨です。中には、途中までやったのだからと自治体が持ち出しで更にお金を注ぎ込んで、結局、温泉が出なかったところもありました。

●プライマリーバランスの黒字化を目指す

税収が増えることで借金を減らす、お金を配る、そういうことができるのが好景気です。

日本はこれまでずっと不景気で借金を続けてきました。でも、国としては「新

国が掲げる「財政健全化目標」とは？

財政健全化目標、達成の見込みは？

たに借金をしないようにしよう」という目標は掲げています。具体的には、行政サービスにかかるお金を税金だけでまかなえるようにしようとしています。

　これは財政健全化目標と呼ばれていて、プライマリーバランス（ＰＢ。基礎的財政収支）の黒字化によって達成されます。

　１５６ページの上の図を見てください。現状では行政サービスにかかるお金の方が税収よりも多いため、不足分を毎年、借金（公債金）で補っています。

　これを改善して、下の図のように行政サービスにかかるお金を税収でまかなえる状態、すなわちプライマリーバランスの黒字化を達成しようというわけです。こうなれば、新たな借金はしなくて済みます。

もともと「新たな借金はしない」というのは2011年度に達成する予定でしたが、リーマンショックなどの影響もあって先送りになり、借金が増え続けたため2020年度までに達成するという新たな目標を設定しました。結局、それも難しくなって、現在は2025年度までに達成するというのが国の方針になっています。

しかし、考えてみてください。新型コロナで国は巨額の対策費を計上しました。あの対策費はみな新たな借金です。コロナは収まってきましたが、まだ好景気になったわけではありません。「2025年までに」と言っても、なかなか難しいのではないか。今のところ、どうなるかわからないといわれています。

●急速に円安が進んだ理由は？

2023年の経済ニュースで大きな話題になったのが円安です。円安がにわかにクローズアップされたのは2022年6月でした。1ドル＝135円台になり、「199

８年以来24年ぶりの円安ドル高」と報道されました。それ以来、円安がじわじわ進んで23年10月27日現在、１ドル＝１５０円台となっています。

好景気の頃はどうだったかというと、今とは反対の円高です。そのおかげで買い物メインで海外に行く人が大勢いました。当時、人気が高かったのは香港です。

香港を訪れた日本人に聞いた１９９０年の映像が残っていました。

――こちらに来られた目的は？

女性Ａ　買い物で。

女性Ｂ　ショッピングですね。

――予算はどのくらい？

女性Ｃ　30万ぐらいですね。

男性　80万ぐらい。

女性Ｄ　１００万ぐらい。

日本の景気がいいときは？

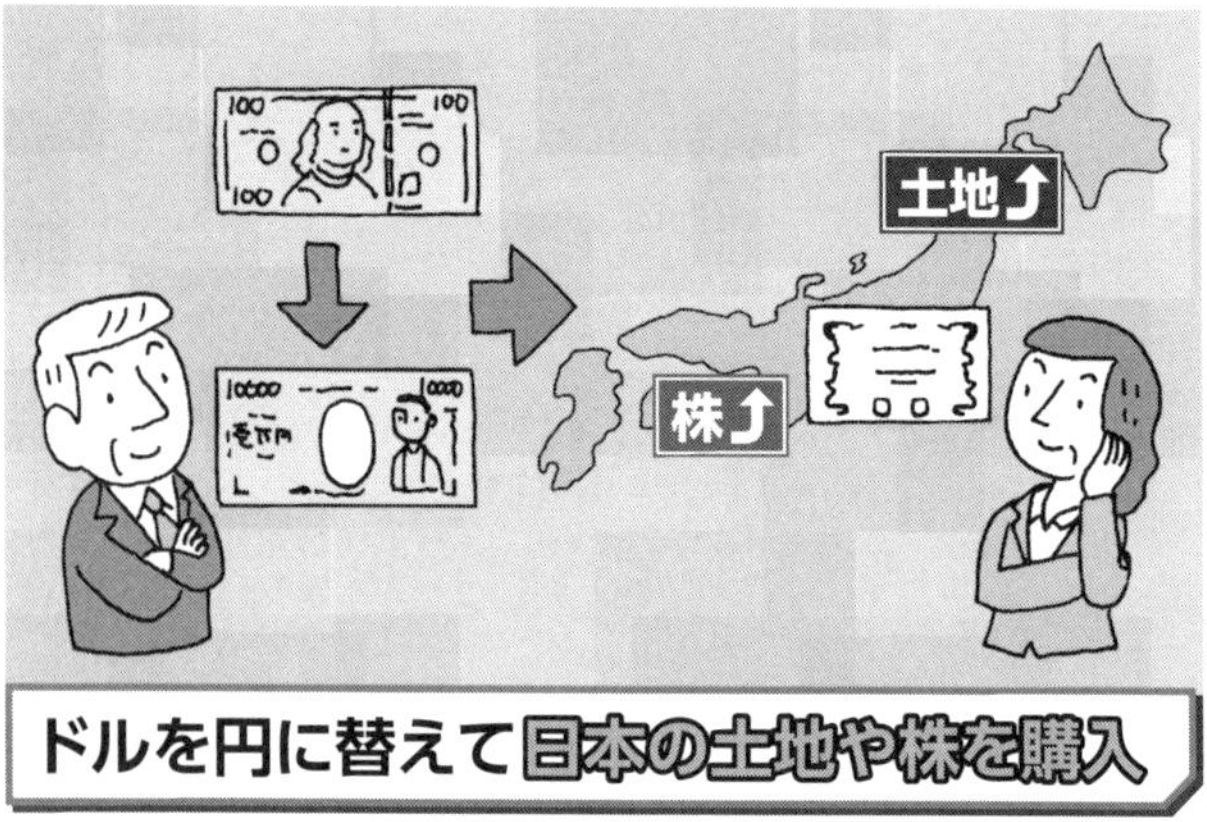
土地
株
ドルを円に替えて日本の土地や株を購入

まるで爆買いですね。日本では2014～16年頃、中国人観光客の爆買いで大都市や観光地が大いに沸きました。実は円高の頃は、日本人も海外で同じことをやっていたのです。

日本の景気が良くなると、株価も土地の値段も上がり、海外の投資家にとってはチャンス到来です。保有するお金を円に替えて日本の株や土地を買っておけば、黙っていても儲かります。となれば、ドルを円に替える動きが盛んになり、結果として円高ドル安になりやすい。

つまり、好景気の時は円安のニュースがあまりないのです。でも、現在の日本

アメリカ経済はインフレに突入

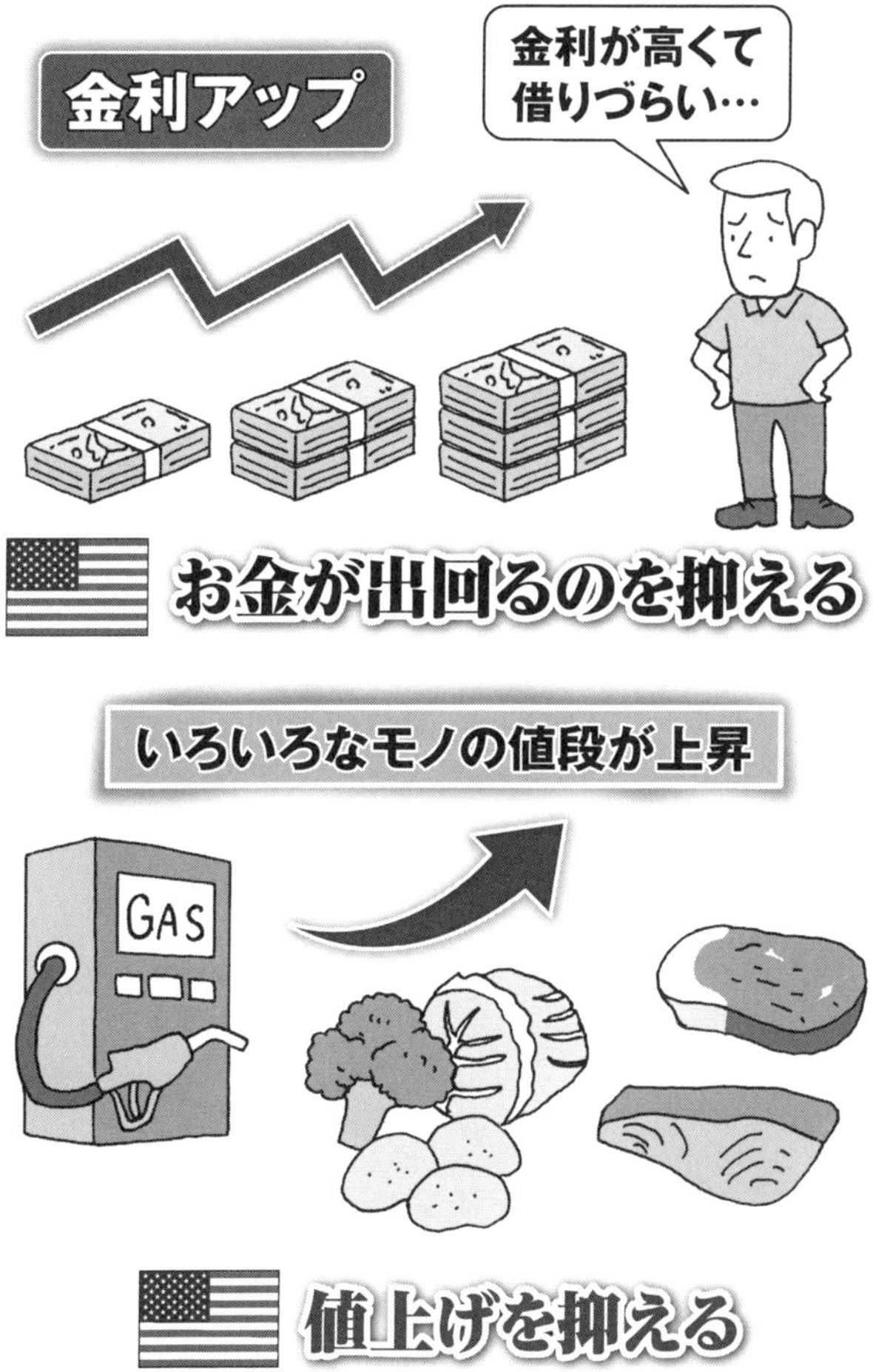

の円安は不景気だけが原因というわけではありません。これには景気のいいあの国が関係していました。

そうです、アメリカです。

円安や円高はドルと比較しての言葉なので、円安が進んでいるというのは、アメリカがドルが上がっている、ドル高になっているという意味です。

アメリカはコロナ禍からの回復に伴い景気が良くなって、みんながいろいろなモノに活発にお金を使うようになったため、物価水準が継続的に上昇するインフレに突入しました。このインフレを抑えるため、アメリカの中央銀行にあたるＦＲＢ（連邦準備制度理事会）が段階的に金利を引き上げたのです。

金利が上がれば、お金が借りづらくなります。そうやってお金が世の中に出回るのを抑えて、値上がりしないようにしようというのがアメリカ。一方、日本はほぼゼロ金利です。２０２２年６月のアメリカの政策金利は１・75パーセント。アメリカとこれだけの金利差があると、投資家たちは当然ドルを買いますよね。

一般的にいって、高い金利がつくドルの資産が人気になり、ドルは高く（円は安く）

アメリカの好景気が続いているのはなぜ？

※2023年９月時点

なるのです。

アメリカは金利を上げてもインフレが収まらず、その後も好景気が続きました。政策金利は2023年9月には5・50パーセントまで上がりました。金利が高くてもアメリカの好景気は続くだろうと考えた人たちがせっせと円をドルに替えたということは、それだけドルの人気が高いということです。

こうしてドルが上がって円が下がり、急激な円安が進みました。

第5章

日本経済は復活するのか？

——新しい日本経済の形

◉デフレから抜け出せないまま人口減少社会に突入

30年以上にわたってデフレから抜け出せない日本。給料も上がらず、最近はエネルギー価格の高騰や輸入原材料価格の高騰で物価が急に上がり、生活が苦しいという声があちこちから聞こえてきます。

これから日本はどうしたらいいのでしょうか。

まずは今の日本が大変な状態にあるんだという危機感を持つことです。日本はとても豊かで金持ちで何でも値段が高いという認識を変えなければいけない。物価が上がっているのは事実ですが、国際比較で見れば、依然として日本は「安い国」なのです。

こうした認識を持った上で具体的な対策を考えていくことになりますが、一つは、円安メリットを活用することです。

このところの急激な円安で、日本に来た海外の人は「日本は何でも安いなあ」と感じたはずです。円安メリットとは、両替したら日本円が増えるので消費アップが見込めること。となると、期待できるのはインバウンド（訪日外国人旅行者）です。

新型コロナが流行する前、日本に外国人観光客が押し寄せるようにやって来たのは、日本が安いからです。日本にとっては経済効果がとても大きい。今、日本政府はあの時の経験を生かして、インバウンドを新しい産業に育てようと力を入れています。

●インバウンドが日本経済再興の起爆剤に！

２０１１年に日本は人口減少社会へと転じ、それ以来、人口は毎年減り続けてきました。観光庁によると、定住人口が１人分減るたびに年間の消費額は１３０万円減るそうです。それをカバーするためには、国内旅行者75人が日帰り旅行をすれば１人分の埋め合わせができます。宿泊旅行なら23人の国内旅行者で１人分をカバーできるということです。

外国人の旅行者がやって来た場合はどうでしょうか。外国人旅行者なら8人分でいいそうです。日本に来て日帰りということはないでしょうし、観光地ではここぞとばかりにたくさんお金を使ってくれますから、結果的に１人分の減少を8人でカバーできるわけです。

インバウンドが日本経済再興の起爆剤に！

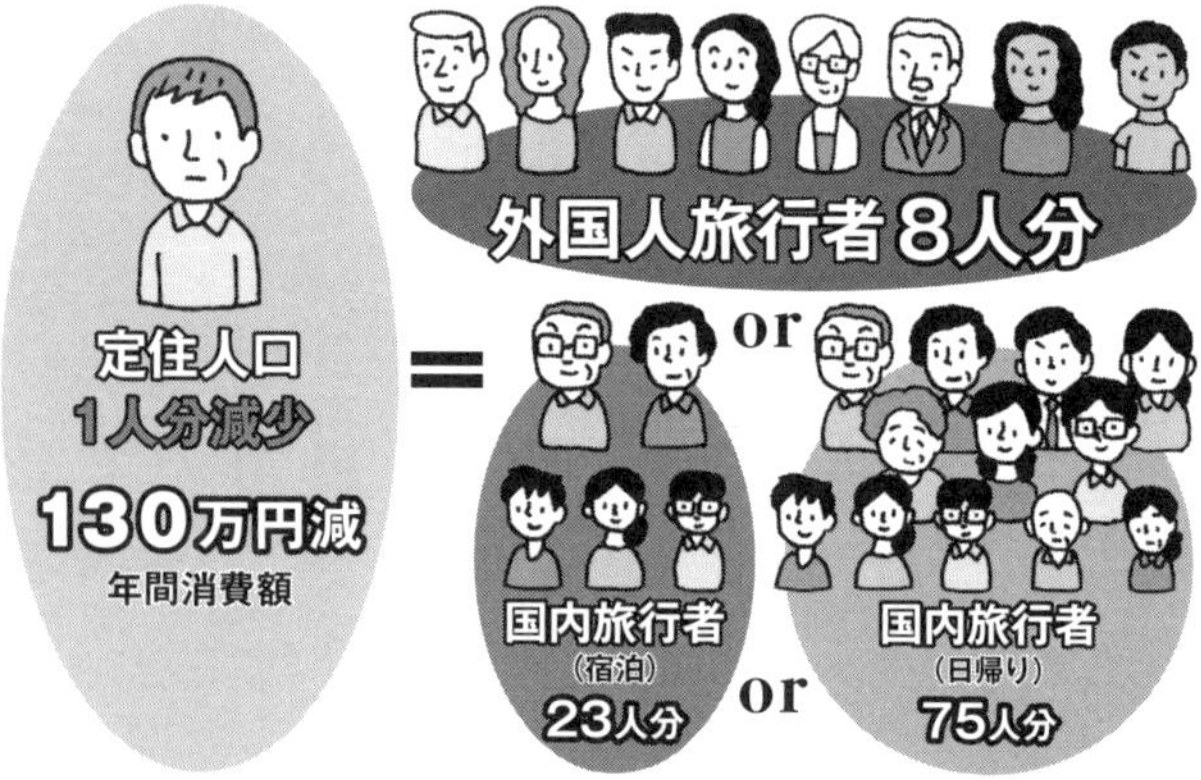

出典：観光庁

近年、世界では東南アジアが成長著しく、年々豊かになっています。豊かになれば、やはり海外旅行に行きたい。どこに行こうかとなったとき、多くの人が同じアジアの日本に行きたいと考えるのは自然の成り行きです。

日本は、治安はいいし、何でも安く、品質も良く、サービスも申し分ないということで人気の国。日本に来てくれる人が着実に増えていけば、日本経済の落ち込みをある程度カバーしてくれると政府は見ています。

新型コロナでストップしていた外国人旅行者の受け入れは、２０２２年６月に一部解禁されました。実に約2年ぶりのことです。この時は入国者数に上限を設け、一日当たり2万人までとし、添乗員《てんじょういん》付きのツアーしか認めませんでした。新型コロナの感染力は強力なので、厳しい水際対策を維持したのです。

しかし、大きな問題はなかったことで、政府は同年9月には入国者数の上限を一日当たり5万人に引き上げ、10月には上限の撤廃に踏み切ります。併せて、ツアーによらない個人旅行の受け入れも解禁しました。

その結果、訪日外国人客数は増え続け、２０２３年上半期（1〜6月）の外国人客数は約１０７１万人（推計値）となり、２０１９年の同期約１６６３万人（確定値）と比べて6割程度まで回復したのです。（出典：日本政府観光局）

8月には中国人の日本への団体旅行が解禁されました。もはやインバウンドがコロナ前の水準に戻るのは時間の問題と見られています。この動きがさらに拡大すれば、日本経済再興の起爆剤になることも夢ではありません。

◉避けて通れない内部留保の問題

デフレを脱却して景気を良くしようと思ったら、第3章で取り上げた内部留保の問題は避けて通れません。

万が一に備えて企業が貯め込んでいるお金が今、すごい金額にまで膨らんでいます。2021年度は約516・5兆円、22年度は約554・8兆円に達しました。これだけの大金を企業は自分の会社の中に貯め込んでいるわけです。

企業がここまで内部留保を増やすようになった直接の原因は、2008年のリーマンショックでした。リーマンショックとは、アメリカの大手投資銀行の経営破綻《はたん》をきっかけに起きた世界的な金融危機のことですが、企業はこの時の苦い経験から、せっせとお金を貯め込むようになったのです。

実際、2011年には東日本大震災があり、2020年には新型コロナの流行がありました。こういったことが今後も起きるかもしれないという不安があるため、それぞれの企業は必要以上に内部留保を増やす動きに出ています。

内部留保の推移

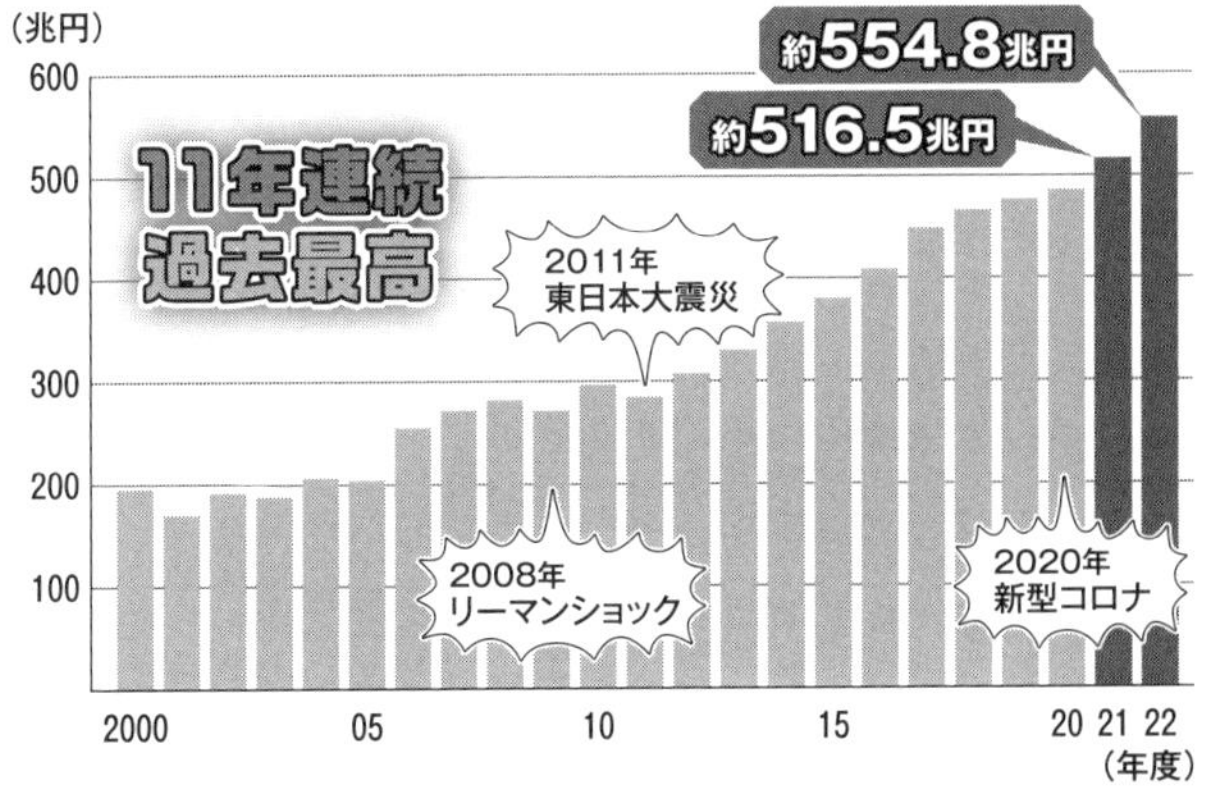

ところが、日本経済全体で見たとき、企業がお金を使わないということは、新たに人を雇うことをしない、給料は増やさない、工場を建てないということですから、景気は良くなりません。

　これを経済学では「合成の誤謬《ごびゅう》」と言い、よく、サッカーの観戦が喩《たと》えとして使われます。みんなで座ってサッカーの試合を見ているときに、一人だけ立ち上がるとよく見えます。それと同じで、企業が内部留保を貯めるのは、その会社にとってはいいことです。しかし、一人が立てば他の人もみんな立つかもしれない。みんなが立ったら前よりもサッカーの試合が見えにくくなっ

経済学の「合成の誤謬《ごびゅう》」とは？

みんながやると間違いになる

1人だけ立つとよく見えるが、みんなが立つとみんな見えなくなる。内部留保もそれと同じで、各企業は良くても、全部の企業がやれば景気が良くならず、経済全体に悪い結果をもたらす。

てしまいます。結果的に、みんながやると間違いになるわけです。

それぞれの企業はいいことをやっているつもりでも、日本全体だと景気が悪くなる。そういうことがあるのです。

◉効果が上がらなかったアベノミクス

この状況を打開しようとして国が考えたのがインフレです。わざとインフレにしようとしました。

インフレとは、前にも述べたとおり、モノの値段が上がり続けること。物価が上がればモノを高く売ることができて企業は儲かります。企業が儲かれば社員の給料を増やすことができる。社員とその家族は増えたお金で買い物をし、その結果いろいろなものが売れて、企業はまた値段を上げても売れるようになります。

景気がいいということは、物価が少しずつ上がっていくことです。これを「良いインフレ」と呼ぶことがあります。急激な物価上昇が続いていつまでも収まらず、短期間に物価が2倍、3倍、あるいはそれ以上になるようなインフレは困りますが、少し

アベノミクスが目指した3本の矢とは？

アベノミクス
市場のお金を増やして
デフレ脱却!
政府支出で
スタートダッシュ!
規制緩和で
ビジネスを自由に!

ずつ上がっていく程度なら、それはむしろ好ましいという考え方です。

良いインフレを起こす一つの方法が金融緩和政策です。世の中に出回るお金の量を増やすというもので、みんながお金を貸しやすく、あるいは借りやすくします。

基本的なやり方としては、金利を引き下げればいい。銀行からお金を借りるときに払う利子を引き下げれば、誰でも気軽にお金を借りられます。企業はたくさんお金を借りて、それで新たな工場を作ったり、人を雇ったりする。そうなれば景気は良くなるはずです。

これをドカンとやったのが、第二次安倍内閣が掲げたアベノミクスです。市場のお金を思い切って増やし、財政支出も拡大して公共事業に力を入れ、規制緩和でビジネスをやりやすくするというもの。当時、「3本の矢」と呼ばれたことを覚えている人もいるでしょう。

◉ウクライナ侵攻とコロナからの回復で世界インフレが発生

この政策で景気は多少持ち直したのですが、期待したほど物価が上がりませんでした。良いインフレと言えるような状況にはならなかったのです。内部留保も減るどころか逆に増えました。結局、デフレを脱却するまでには至らず、そうこうしているうちに新型コロナに見舞われ、景気は再び悪化してしまいました。

特に問題とされたのは、給料が上がらなかったことです。

2022年にロシアのウクライナ侵攻が起こると、石油や天然ガスなどエネルギーや食料の価格が高騰しました。これはエネルギー資源の供給が世界的に減少し、ウクライナ産やロシア産の食料輸出が減ったためです。そのためエネルギーや食料の多くを輸入に頼っている日本では、物価が上がりました。

また、世界でコロナ禍が収まってきてみんなが一斉にモノを買うようになると、生産が追いつかなくなります。需要はあるのに供給が不足している状態で、モノの値段が上がって世界インフレと言えるような状況が生まれました。

輸入品の値段が上がれば、輸入品を仕入れている国内企業も値段を上げるしかありません。こうして給料が上がらないのに物価だけがじわじわ上がっていく状態、つまり「悪いインフレ」が起きたのです。これをどうにかしなければいけないというのが、今の日本経済の課題です。

◉岸田総理が掲げる「新しい資本主義」とは？

景気がパッとしない中で生活必需品をはじめさまざまな商品の値上げが続き、今後の生活は不安だらけです。

ところで、岸田総理は就任早々、国会でこんなことを言っていました。

「私が目指すのは新しい資本主義の実現です。新しい資本主義を起動し、実現してい

岸田総理が掲げる「新しい資本主義」

こうではありませんか」（２０２１年10月、所信表明演説）

アベノミクスに代わる新しい経済政策かということで話題になりましたが、その中身はどういうものでしょうか。

ひと言でいえば、これまでの新自由主義から転換し、「成長と分配の好循環」を実現するというものです。

小泉内閣（２００１年４月～06年９月）は、郵政民営化で郵便局を国営から民間企業にしたように、規制緩和を推し進めて自由にお金儲けをしていいという政策をとりました。これが新自由主義です。

アベノミクスもこの路線を引き継ぎまし

岸田総理が考える「新しい資本主義」の中身

新自由主義から転換し
成長と分配の好循環を
実現する

写真：共同通信イメージズ

成長と分配

経済成長は続けながら給料を上げる方針

給料アップ

看護 介護 保育で働く人の賃金

た。それによって経済はある程度上向きになったものの、デフレ脱却までいかなかったことは既に述べたとおりです。しかも、経済成長の果実が十分国民に還元されませんでした。給料が上がらなかったのです。

これでは不十分だということで考え出されたのが「新しい資本主義」です。引き続き経済成長を目指しながらも、分配に重点を置く。つまり働く人、特に中間層や貧困層の給料を上げるというのが岸田総理の考えです。

具体的には、まず看護・介護・保育などで働く人の賃金を上げました。この分野の賃金は国が基準を決めることができるので、月額１〜３パーセント程度、段階的に引き上げるという方針を打ち出しています。

●23年春の労使交渉で3パーセントを超える賃上げ！

次に民間企業はどうかというと、政府といえども民間企業の給料にまで口を出すことはできません。そこで、企業が社員の給料を増やしたら、その会社に対する税金（法人税）を安くするという施策を考えました。税金を減らしてあげるから社員の給料をアップしてくださいということです。

ただ、中小企業の中にはあまり儲かっていないため、法人税を納めていない企業もかなりあります。そうした企業には、逆に国が補助金を出すことにしました。国が一定の費用を負担するので給料を上げてくださいと、こういうやり方をしました。

岸田内閣が分配重視、給料引き上げの方針を強調したこともあって、2023年春の労使交渉では、かつてないほどの大幅な賃金引き上げが実現しました。

労働組合は毎年春、一斉に経営側と賃上げ交渉を行い、これを春闘（春季交渉）と呼んでいます。数多くの労働組合を束ねた最大の組織である連合（日本労働組合総連合会）は、ベースアップ（基本給を底上げ）と定期昇給を合わせた23年春の賃上げ率が平均3・58パーセントになったと発表しました。

それまでは毎年2パーセント前後だったことを考えると、3パーセント台半ばというこの数字は画期的です。もちろん、物価が上がってきたので、給料もそれ相応に上げないと社員の生活が苦しくなるといった事情もありました。

重要なことは、この賃上げが一過性のもので終わらないようにすることです。継続

連合最終集計の賃上げ率の推移

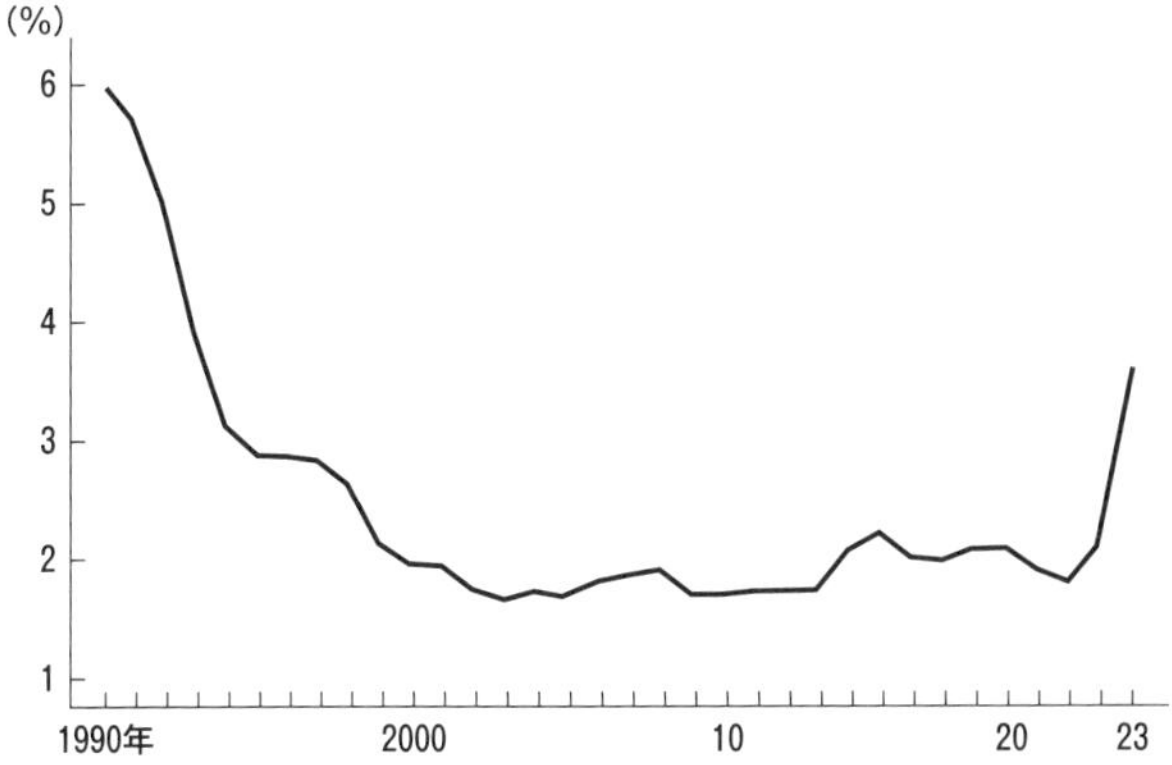

出典：日本経済新聞電子版2023年7月5日

的に賃金が上がって、経済成長の果実が働く人たちに幅広く及ぶようにすることが大事です。

給料が上がれば、人はそれで買い物をしようという気持ちになるものです。景気の「気」は気分の「気」。これから景気が良くなるぞと思ってみんながお金を使えば、本当に景気は良くなります。「不安だ、不安だ」とあまり心配しすぎないで、将来に対して楽天的な気持ちを持てるようになったらいいですね。

国民がそういう気持ちになれるように、きちんと環境整備をすることも政府の責任なのです。

著者略歴

池上 彰（いけがみ・あきら）

1950年、長野県松本市生まれ。慶應義塾大学経済学部を卒業後、NHKに記者として入局。さまざまな事件、災害、教育問題、消費者問題などを担当する。1994年４月から11年間にわたり「週刊こどもニュース」のお父さん役として活躍。

わかりやすく丁寧な解説に子どもだけでなく大人まで幅広い人気を得る。

2005年３月、NHK退職を機にフリーランスのジャーナリストとしてテレビ、新聞、雑誌、書籍など幅広いメディアで活動。

名城大学教授、東京工業大学特命教授など、６大学で教える。

おもな著書に『伝える力』シリーズ（PHPビジネス新書）、『知らないと恥をかく世界の大問題』シリーズ（角川SSC新書）、『なんのために学ぶのか』『20歳の自分に教えたいお金のきほん』『20歳の自分に教えたい現代史のきほん』『20歳の自分に教えたい地政学のきほん』『第三次世界大戦　日本はこうなる』（SB新書）など、ベストセラー多数。

番組紹介

池上彰のニュース
そうだったのか!!

最近大きな話題となっているニュースの数々、そして今さら「知らない」とは恥ずかしくて言えないニュースの数々を池上彰が基礎から分かりやすく解説します！ニュースに詳しい方も、普段はニュースなんて見ない、という方も「そうだったのか！」という発見が生まれます。土曜の夜はニュースについて、家族そろって学んでみませんか？

- テレビ朝日系全国ネット
  土曜よる８時～放送中
- 〈ニュース解説〉池上 彰
- 〈進行〉宇賀なつみ

■本書は、「池上彰のニュースそうだったのか!!」（2022年1月8日、5月21日、7月16日、10月15日、11月5日、12月17日、2023年5月13日）の放送内容の一部から構成し、編集・加筆しました。

SB新書　637

世界《せかい》インフレ　日本《にほん》はこうなる

2023年12月15日　初版第1刷発行
2024年2月9日　初版第3刷発行

著　　者　池上《いけがみ》 彰《あきら》 ＋「池上彰《いけがみあきら》のニュースそうだったのか!!」スタッフ
発 行 者　小川 淳
発 行 所　SBクリエイティブ株式会社
〒105-0001 東京都港区虎ノ門2-2-1

装　　幀　杉山健太郎
本文デザイン
D T P　株式会社キャップス
図版作成
編集協力　渡邊 茂
イラスト　堀江篤史
写　　真　テレビ朝日
共同通信社
朝日新聞
毎日新聞
カバー・帯写真　伊藤孝一（SBクリエイティブ）
編集担当　美野晴代
印刷・製本　大日本印刷株式会社

本書をお読みになったご意見・ご感想を下記URL、
または左記QRコードよりお寄せください。
https://isbn2.sbcr.jp/23104/

落丁本、乱丁本は小社営業部にてお取り替えいたします。定価はカバーに記載されております。
本書の内容に関するご質問等は、小社学芸書籍編集部まで必ず書面にて
ご連絡いただきますようお願いいたします。

ISBN　978-4-8156-2310-4